D'accord! 1

Langue et culture du monde francophone

Cahier de l'élève

VISTA®
HIGHER LEARNING

ISBN: 978-1-62680-201-8

6 7 8 9 10 BB 18 17 16

Table of Contents

Unité 1

CONTEXTES

1 **Salutations** For each statement or question, write an appropriate response from the box.

Au revoir!	Il n'y a pas de quoi.	Comme ci, comme ça.
Enchanté.	Je vais bien, merci.	Je m'appelle Sylvie, et toi?
À tout à l'heure.	Monsieur Morel.	

1. Comment t'appelles-tu? _____

2. Merci. _____

3. Comment ça va? _____

4. Je vous présente Anne. _____

5. Comment allez-vous? _____

6. À plus tard. _____

7. Comment vous appelez-vous, Monsieur? _____

8. Bonne journée! _____

2 **Complétez** Complete these expressions with the missing words.

1. _____ ça va?

2. Au _____!

3. À plus _____!

4. _____ journée!

5. Excusez-_____.

6. Il n'y a pas de _____.

7. Comment _____-tu?

8. Je vous _____ Martin.

9. _____ rien.

10. Je _____ bien, merci.

3 **Officielle ou informelle?** Indicate whether these expressions are used in formal or informal situations. If an expression may be used in either situation, check both columns.

	Situations officielles	Situations informelles
1. Pardon, Madame.	○	○
2. Il n'y a pas de quoi.	○	○
3. Ça va?	○	○
4. Bonsoir!	○	○
5. Je te présente…	○	○
6. Comment vous appelez-vous?	○	○
7. S'il te plaît.	○	○
8. Je vous en prie.	○	○
9. Et toi, comment vas-tu?	○	○
10. Bonsoir, Monsieur.	○	○
11. Salut, Caroline!	○	○
12. À bientôt!	○	○

4 **Choisissez** Indicate whether the expressions in each pair have similar or opposite meanings.

	Similaire	Opposé
1. ici : là-bas	○	○
2. À tout à l'heure! : Au revoir!	○	○
3. Comment allez-vous? : Comment ça va?	○	○
4. Je vous en prie. : De rien.	○	○
5. S'il vous plaît. : Merci.	○	○
6. Je vais bien. : Je vais mal.	○	○
7. À bientôt! : À plus tard!	○	○
8. Salut! : Bonjour!	○	○
9. Madame : Monsieur	○	○
10. Comme ci, comme ça. : Pas mal.	○	○

5 **Conversation** Number the lines of this conversation in a logical order.

_____ À demain, Anne.

_____ Bonjour, Madame. Je m'appelle Anne.

_____ Moi aussi, je vais bien. Au revoir, Madame.

_____ Je vais très bien, merci. Et vous?

_____ Enchantée. Je m'appelle Madame Prévot.

_____ Comment allez-vous?

6 **Mini-dialogues** Write four brief conversations based on the illustration. Be sure to use appropriate forms of address.

1. **MME MONTREUIL** _____

   PATRICIA _____

2. **ANTOINE** _____

   IRÈNE _____

3. **PAULINE** _____

   MARIE _____

4. **XAVIER** _____

   JEAN-MARC _____

   FLORENT _____

CONTEXTES: AUDIO ACTIVITIES

1 **Identifiez** You will hear six short exchanges. For each one, decide whether it is a greeting, an introduction, or a leave-taking. Mark the appropriate column with an **X**.

Modèle

You hear: **AUDREY** Bonjour, Laura!
LAURA Salut, Audrey. Ça va?
AUDREY Ça va bien, merci. Et toi?
LAURA Pas mal.
You mark: an **X** under *Greeting*

	Greeting	Introduction	Leave-taking
Modèle	_____	_____	_____
1.	_____	_____	_____
2.	_____	_____	_____
3.	_____	_____	_____
4.	_____	_____	_____
5.	_____	_____	_____
6.	_____	_____	_____

2 **Questions** Listen to each question or statement and respond with an answer from the list. Repeat the correct response after the speaker.

a. Enchanté(e).
b. À demain.
c. Je m'appelle Marie.
d. Il n'y a pas de quoi.
e. Comme ci, comme ça. Et toi?
f. Très bien, merci. Et vous?

3 **Associez** You will hear three conversations. Look at the drawings and write the number of the conversation under the appropriate group of people.

a. _____   b. _____   c. _____

LES SONS ET LES LETTRES

The French alphabet

The French alphabet is made up of the same 26 letters as the English alphabet. While they look the same, some letters are pronounced differently. They also sound different when you spell.

lettre	exemple	lettre	exemple	lettre	exemple
a (a)	adresse	j (ji)	justice	s (esse)	spécial
b (bé)	banane	k (ka)	kilomètre	t (té)	table
c (cé)	carotte	l (elle)	lion	u (u)	unique
d (dé)	dessert	m (emme)	mariage	v (vé)	vidéo
e (e)	rebelle	n (enne)	nature	w (double vé)	wagon
f (effe)	fragile	o (o)	olive	x (iks)	xylophone
g (gé)	genre	p (pé)	personne	y (i grec)	yoga
h (hache)	héritage	q (ku)	quiche	z (zède)	zéro
i (i)	innocent	r (erre)	radio		

Notice that some letters in French words have accents. You'll learn how they influence pronunciation in later lessons. Whenever you spell a word in French, include the name of the accent after the letter. For double letters, use **deux** (**deux s**).

accent	nom	exemple	orthographe
´	*accent aigu*	**identité**	*I-D-E-N-T-I-T-E-accent aigu*
`	*accent grave*	**problème**	*P-R-O-B-L-E-accent grave-M-E*
^	*accent circonflexe*	**hôpital**	*H-O-accent circonflexe-P-I-T-A-L*
¨	*tréma*	**naïve**	*N-A-I-tréma-V-E*
¸	*cédille*	**ça**	*C-cédille-A*

1   **L'alphabet** Practice saying the French alphabet and example words aloud.

2   **Ça s'écrit comment?** Spell these words aloud in French.

1. judo
2. yacht
3. forêt
4. zèbre
5. existe
6. clown
7. numéro
8. français
9. musique
10. favorite
11. kangourou
12. parachute
13. différence
14. intelligent
15. dictionnaire
16. alphabet

3   **Dictons** Practice reading these sayings aloud.

1. Grande invitation, petites portions.
2. Tout est bien qui finit bien.

4   **Dictée** You will hear six people introduce themselves. Listen carefully and write the people's names as they spell them.

1. _____
2. _____
3. _____
4. _____
5. _____
6. _____

Roman-photo

AU CAFÉ

Avant de regarder

1 **Qu'est-ce qui se passe?** Look at the photo and guess what these people might be saying to one another.

_____

_____

_____

_____

_____

En regardant la vidéo

2 **Identifiez-les!** Match these characters with their names.

1. _____

2. _____

3. _____

4. _____

5. _____

6. _____

7. _____

a. Amina
b. David
c. Sandrine
d. Stéphane
e. Rachid
f. Michèle
g. Madame Forestier

3 **Qui...?** Watch the scene on the terrace and indicate which character says each of these lines. Write **R** for Rachid, **A** for Amina, **S** for Sandrine, or **D** for David.

_____ 1. Ben... ça va. Et toi?

_____ 2. Je vous présente un ami.

_____ 3. Enchanté.

_____ 4. Bienvenue à Aix-en-Provence.

_____ 5. Bon... à tout à l'heure.

_____ 6. À bientôt, David.

4 **Complétez** Watch as Valérie takes a phone call from her son's school, and complete the conversation with the missing words from the list.

au revoir	bonjour	problème
beaucoup	Madame	

1. Allô. Oui. _____, Madame Richard.

2. Il y a un _____ au lycée?

3. Oui, merci, merci _____ Richard.

4. Merci _____!

5. De rien, _____!

Après la vidéo

5 **Vrai ou faux?** Indicate whether these statements are **vrai** or **faux**.

		Vrai	Faux
1.	David is a university student.	○	○
2.	David is Canadian.	○	○
3.	Madame Richard is a political science teacher.	○	○
4.	Stéphane is a college student.	○	○
5.	Rachid rushes off to his French class.	○	○

6 **Expliquez** In English, explain what is happening in this photo.

_____

_____

_____

_____

_____

7 **À vous!** Imagine that Rachid is introducing you to one of his friends. Write a short dialogue in French in which you greet one another, exchange names, and talk briefly before saying good-bye.

_____

_____

_____

_____

_____

_____

_____

Flash culture

SALUT!

Avant de regarder

1 **Les salutations** In this video, you're going to learn about French greetings and introductions. In preparation for watching the video, make a list of things you do...

1. when you say hello:

   _____

   _____

2. when you say good-bye:

   _____

   _____

3. when you are introduced to a person your age:

   _____

   _____

4. when you meet a friend's parents for the first time:

   _____

   _____

En regardant la vidéo

2 **Dans quel ordre?** Number these images as they appear on-screen.

_____ a. two young men shaking hands

_____ b. two older family members kissing on cheeks

_____ c. two couples saying good-bye to each other

_____ d. two women shaking hands

_____ e. four friends (three young men and one young woman) meet

_____ f. a young man introducing a young woman to two friends

_____ g. a wide shot of two girls kissing on the cheek

_____ h. a woman and a small child kissing on the cheek

3 **Les rapports** Classify these people as friends, family, or acquaintances according to the video.

1. _____

3. _____

2. _____

4. _____

Unité 1 Flash culture Activities

Après la vidéo

4 **Vrai ou faux?** Indicate whether these statements are vrai or faux.

	Vrai	Faux
1. When female friends greet one another, they usually kiss on the cheek.	○	○
2. When male friends greet one another, they usually shake hands.	○	○
3. When mutual friends are introduced for the first time, they always shake hands instead of kiss on the cheek.	○	○
4. When formal acquaintances greet one another, they usually shake hands.	○	○
5. Women usually just shake hands when they say good-bye.	○	○
6. Handshaking is not very common in France.	○	○

5 **À vous!** Imagine that you are in France. In English, write what you should do in each of these situations according to French custom.

1. A classmate introduces you to his father.

   _____

2. You greet a girl you met in one of your classes.

   _____

3. You are introduced to a friend's girlfriend.

   _____

4. You arrive for a job interview and meet your potential new boss.

   _____

6 **Vive la différence!** In English, compare greetings and introductions in France and where you live. In what ways are they similar? How do they differ?

_____

_____

_____

_____

_____

_____

_____

_____

STRUCTURES

1A.1 Nouns and articles

1 **Masculin ou féminin?** Write the correct definite article before each noun. Then list each article and noun under the appropriate heading.

1. _____ amie   Masculin

2. _____ littérature   _____

3. _____ différence   _____

4. _____ problème   _____

5. _____ objet   _____

6. _____ café   Féminin

7. _____ télévision   _____

8. _____ étudiant   _____

9. _____ bureau   _____
                                _____

2 **Le, la, l' ou les?** Write the correct definite article before each noun.

1. _____ bibliothèque   5. _____ examen   9. _____ bureaux

2. _____ chanteur   6. _____ ordinateurs   10. _____ petit ami

3. _____ amis   7. _____ chose   11. _____ faculté

4. _____ sociologie   8. _____ café   12. _____ objets

3 **Singulier ou pluriel?** Give the plural form of each singular noun and article, and the singular form of each plural noun and article. Use definite articles in the first column and indefinite articles in the second.

Modèle
un ordinateur: *des ordinateurs*

1. l'étudiant: _____   7. des étudiantes: _____

2. les amies: _____   8. un lycée: _____

3. la librairie: _____   9. une chanteuse: _____

4. les cafés: _____   10. des choses: _____

5. le bureau: _____   11. un animal: _____

6. les examens: _____   12. un instrument: _____

4 Les articles Change the definite articles to indefinite articles and vice-versa.

1. un ami: _____ ami

2. des instruments: _____ instruments

3. la table: _____ table

4. un ordinateur: _____ ordinateur

5. les étudiantes: _____ étudiantes

6. l'examen: _____ examen

7. une télévision: _____ télévision

8. le café: _____ café

9. des professeurs: _____ professeurs

10. la personne: _____ personne

5 Transformez Write the feminine forms of masculine nouns and articles, and the masculine forms of feminine nouns and articles.

> **Modèle**
>
> une chanteuse: *un chanteur*

1. l'acteur: _____

2. un ami: _____

3. une étudiante: _____

4. une actrice: _____

5. le chanteur: _____

6. la petite amie: _____

6 Identifiez For each illustration, write the noun and its corresponding definite and indefinite articles.

> **Modèle**
>
> la librairie: *C'est une librairie.*

1. _____: _____

2. _____: _____

3. _____: _____

4. _____: _____

5. _____: _____

6. _____: _____

1A.1 Nouns and articles (audio activities)

1 **Identifiez** You will hear a series of words. Decide whether the word is masculine or feminine, and mark the appropriate column with an **X**.

> **Modèle**
> *You hear:* librairie
> *You mark:* an **X** under **Féminin**

	Masculin	Féminin
Modèle	_____	X
1.	_____	_____
2.	_____	_____
3.	_____	_____
4.	_____	_____
5.	_____	_____
6.	_____	_____
7.	_____	_____
8.	_____	_____

2 **Changez** Change each word from the masculine to the feminine, or vice versa. Repeat the correct answer after the speaker. (*6 items*)

> **Modèle**
> un ami
> *une amie*

3 **Transformez** Change each word from the singular to the plural. Repeat the correct answer after the speaker. (*8 items*)

> **Modèle**
> un stylo
> *des stylos*

4 **La classe** What does Sophie see in Professor Martin's French class? Listen to what she says and write the missing words.

1. _____ bureaux
2. _____ professeur
3. _____ étudiants en _____
4. des _____

5. le _____
6. les _____
7. _____ télévision
8. des _____

1A.2 Numbers 0–60

1 Les mots croisés Solve the math problems to complete the crossword puzzle. Include hyphens as needed.

Across:

3. neuf + quinze =
7. trois + dix =
9. quatre + douze =
10. vingt-trois - neuf =
11. treize + cinq =

Down:

1. cinq + six =
2. trente - vingt-huit =
3. douze + quinze =
4. trente - vingt-neuf =
5. six + six =
6. huit + neuf =
8. vingt et un - seize =

2 Combien? Write questions to ask how many items or people there are. Then write the responses. Be sure to write out the numbers.

> **Modèle**
> 2 élèves
> *Il y a combien d'élèves? Il y a deux élèves.*

1. 3 bureaux _____
2. 21 examens _____
3. 5 professeurs de littérature _____
4. 18 amis _____
5. 33 acteurs _____
6. 12 problèmes _____
7. 52 tableaux _____
8. 9 cafés _____
9. 60 choses _____
10. 44 tables _____

3 **Répondez** Ask and answer questions according to the illustration. Write out the numbers. Ask and indicate...

> **Modèle**
>
> how many chairs (**chaises**) there are.
> Il y a combien de chaises?
> Il y a deux chaises.

1. how many people there are.

   Il y a combien _____?

   Il y a quart _____.

2. how many computers there are.

   _____?

   _____.

3. how many televisions there are.

   _____?

   _____.

4. how many girls (**filles**) there are.

   _____?

   _____.

4 **Comptez** Figure out the logic of each sequence. Then write out the missing numbers in each one.

1. un, trois, _____, sept, neuf, _____

2. _____, quatre, huit, _____, trente-deux

3. soixante, _____, quarante, trente, vingt, dix, _____

4. vingt-deux, vingt-quatre, _____, vingt-huit, _____

5. onze, _____, trente-trois, _____, cinquante-cinq

5 **Quel chiffre?** Write out the number you associate with each of these items.

1. seasons in a year _____
2. days in a week _____
3. number of days in September _____
4. number of pets you have _____
5. your age _____
6. number of classes you are taking _____

6 **Dans la salle de classe** Answer these questions using complete sentences. Write out numbers. **Dans votre** (*your*) salle de classe, il y a combien...

1. de tableaux? _____
2. de garçons (*boys*)? _____
3. de filles (*girls*)? _____
4. de bureaux? _____
5. d'ordinateurs? _____
6. de professeurs? _____

1A.2 Numbers 0–60 (audio activities)

1 **Bingo** You are going to play two games (**jeux**) of bingo. As you hear each number, mark it with an **X** on your bingo card.

Jeu 1		
2	17	35
26	52	3
15	8	29
7	44	13

Jeu 2		
18	12	16
34	9	25
0	56	41
27	31	58

2 **Numéros** You want to know everything about your friend Marc's new university. Write down his answers to your questions.

> **Modèle**
>
> *You see:* professeurs de littérature
> *You say:* Il y a *des professeurs de littérature?*
> *You hear:* Oui, il y a dix-huit professeurs de littérature.
> *You write:* 18

1. étudiants américains _____
2. ordinateurs dans la bibliothèque _____
3. télévision dans la classe de littérature _____
4. bureaux dans la classe de sociologie _____
5. tables dans le café _____
6. tableaux dans le bureau du professeur de français _____

3 **Les maths** You will hear a series of math problems. Write the missing numbers and solve the problems.

> **Modèle**
>
> Combien font deux plus trois?
> 2 + 3 = 5

plus = *plus*   **moins** = *minus*   **font** = *equals (makes)*

1. _____ + _____ = _____   5. _____ – _____ = _____
2. _____ – _____ = _____   6. _____ + _____ = _____
3. _____ + _____ = _____   7. _____ + _____ = _____
4. _____ – _____ = _____   8. _____ – _____ = _____

4 **Questions** Look at the drawing and answer each question you hear. Repeat the correct response after the speaker. (*5 items*)

Unité 1

CONTEXTES

Leçon 1B

1 **Cherchez** Find and circle the twelve school-related words, looking backwards, forwards, vertically, horizontally, and diagonally.

calculatrice	dictionnaire
carte	livre
chaise	professeur
copine	porte
corbeille	stylo
crayon	tableau

```
E  E  R  V  I  L  P  L  S  R  O
C  R  O  B  I  O  D  R  T  R  O
I  I  U  S  E  E  R  C  A  T  E
R  A  I  E  E  S  É  T  R  A  C
T  N  F  T  S  E  T  E  C  H  A
A  N  O  R  L  S  N  Y  A  I  B
L  O  C  O  R  B  E  I  L  L  E
U  I  R  P  A  E  S  F  P  O  S
C  T  A  B  L  E  A  U  O  O  I
L  C  Y  T  U  N  E  T  F  R  C
A  I  O  C  I  A  R  O  A  E  P
C  D  N  L  A  C  L  L  C  O  L
```

2 **Les associations** Match the words in the first column with related words in the second.

_____ 1. un crayon   a. une fille

_____ 2. un homme   b. une feuille de papier

_____ 3. une femme   c. un étudiant

_____ 4. un cahier   d. un stylo

_____ 5. une montre   e. un livre

_____ 6. une porte   f. une fenêtre

_____ 7. un élève   g. une horloge

_____ 8. un dictionnaire   h. un garçon

3 **Analogies** Complete the analogies with words from the box. Some words will not be used. Do not repeat items.

un cahier	une femme	des livres
une corbeille à papier	une fenêtre	un résultat
un garçon	une fille	un stylo

1. un garçon : une fille / un homme : _____

2. un professeur : un étudiant / un parent : _____

3. un homme : un garçon / une femme : _____

4. un cahier : des feuilles de papier / une bibliothèque : _____

5. une montre : une horloge / un crayon : _____

4 **En classe** Label these people and things. Include the indefinite article for each noun.

1. _____   9. _____

2. _____   10. _____

3. _____   11. _____

4. _____   12. _____

5. _____   13. _____

6. _____   14. _____

7. _____   15. _____

8. _____

5 **Complétez** Complete these sentences using the words below. Not all words will be used.

cahier	corbeille à papier	dictionnaire	stylo
classe	crayons	fenêtre	tableaux

1. Il y a des _____ dans (*in*) le sac à dos.

2. Il y a vingt étudiants dans la _____.

3. Il y a des mots de vocabulaire dans le _____.

4. Il y a une feuille de papier dans la _____.

5. Il y a une _____ dans la salle de classe.

CONTEXTES: AUDIO ACTIVITIES

1 **Identifiez** Look at the drawing and listen to the statement. Indicate whether each statement is **vrai** or **faux**.

	Vrai	Faux
1.	○	○
2.	○	○
3.	○	○
4.	○	○
5.	○	○
6.	○	○
7.	○	○
8.	○	○

2 **Les contraires** You will hear a list of masculine nouns. Write the number of the masculine noun next to its feminine counterpart.

_____ a. la femme

_____ b. une élève

_____ c. une camarade de classe

_____ d. la fille

_____ e. une étudiante

_____ f. madame

_____ g. l'actrice

_____ h. une copine

3 **Professeur** This professor needs to order new items at the bookstore. You will hear a series of questions. Look at the professor's list and answer each question. Then repeat the correct response after the speaker.

Liste

- 49 crayons   - 12 dictionnaires

- 55 stylos   - 18 cartes

- 35 cahiers   - 5 corbeilles à papier

- 31 livres   - 54 feuilles

LES SONS ET LES LETTRES

Silent letters

Final consonants of French words are usually silent.

françai~~s~~   spor~~t~~   vou~~s~~   salu~~t~~

An unaccented -e (or -es) at the end of a word is silent, but the preceding consonant
is pronounced.

français~~e~~   américain~~e~~   orang~~es~~   japonais~~es~~

The consonants -c, -r, -f, and -l are usually pronounced at the ends of words. To remember these
exceptions, think of the consonants in the word **careful**.

parc   bonjour   actif   animal
lac   professeur   naïf   mal

1 **Prononcez** Practice saying these words aloud.

1. traditionnel	6. Monsieur	11. timide
2. étudiante	7. journalistes	12. sénégalais
3. généreuse	8. hôtel	13. objet
4. téléphones	9. sac	14. normal
5. chocolat	10. concert	15. importante

2 **Articulez** Practice saying these sentences aloud.

1. Au revoir, Paul. À plus tard!
2. Je vais très bien. Et vous, Monsieur Dubois?
3. Qu'est-ce que c'est? C'est une calculatrice.
4. Il y a un ordinateur, une table et une chaise.
5. Frédéric et Chantal, je vous présente Michel et Éric.
6. Voici un sac à dos, des crayons et des feuilles de papier.

3 **Dictons** Practice reading these sayings aloud.

1. Mieux vaut tard que jamais.
2. Aussitôt dit, aussitôt fait.

4 **Dictée** You will hear a conversation. Listen carefully and write what you hear during the pauses.
The entire conversation will then be repeated so you can check your work.

AMÉLIE _____

NICOLAS _____

AMÉLIE _____

NICOLAS _____

AMÉLIE _____

NICOLAS _____

AMÉLIE _____

Roman-photo

LES COPAINS

Avant de regarder

1 **Qu'est-ce qui se passe?** In this video module, David asks about the people he has just met. In preparation for watching the video, make a list of adjectives you might hear.

_____

_____

_____

_____

_____

_____

En regardant la vidéo

2 **Mettez-les dans l'ordre!** Watch the first scene and number these nationalities in the order in which they are mentioned.

_____ a. anglais

_____ b. américain

_____ c. canadien

_____ d. français

_____ e. italien

3 **Oui, maman!** Watch the scene between Stéphane and his mother, and complete the paragraph with the missing words.

brillant	classe	filles	livre
cahier	fenêtres	intelligent	professeur

Stéphane! Tu es (1) _____, mais tu n'es pas

(2) _____! En (3) _____,

on fait attention au (4) _____, au

(5) _____ et au (6) _____!

Pas aux (7) _____. Et pas aux

(8) _____!

4 **Qui...?** Watch the scene as Amina and David chat on the terrace, and indicate which character says each of these lines. Write **A** for Amina, **D** for David, or **V** for Valérie.

_____ 1. Bon, elle est chanteuse, alors, elle est un peu égoïste.

_____ 2. Et Rachid, mon colocataire? Comment est-il?

_____ 3. Michèle! Un stylo, s'il vous plaît! Vite!

_____ 4. Tu es de quelle origine?

_____ 5. Oh! Rachid! C'est un ange!

_____ 6. D'origine sénégalaise.

Après la vidéo

5 **Identifiez-les!** According to the video, which characters do these statements describe? Each description may fit more than one character.

1. Il/Elle est agréable. _____

2. Il/Elle est d'origine sénégalaise. _____

3. Il/Elle est sociable. _____

4. Il/Elle est patient(e). _____

5. Il/Elle est américain(e). _____

6. Il/Elle est d'origine algérienne. _____

7. Il/Elle est égoïste. _____

8. Il/Elle est modeste. _____

9. Il/Elle est français(e). _____

10. Il/Elle est réservé(e). _____

6 **Vrai ou faux?** Indicate whether these statements are **vrai** or **faux**.

	Vrai	Faux
1. Rachid est un excellent camarade de chambre.	O	O
2. Stéphane est brillant.	O	O
3. Sandrine est chanteuse.	O	O
4. Madame Forestier est calme.	O	O
5. Michèle est optimiste.	O	O
6. Il y a un touriste américain.	O	O

7 **À vous!** In this episode, you see the contents of Stéphane's backpack. In French, list as many items as you can that you carry in your backpack.

Dans mon sac à dos, il y a... _____

_____

_____

_____

_____

STRUCTURES

1B.1 The verb être

1 Les pronoms In the second column, write the subject pronouns you would use when addressing the people listed. In the third column, write the pronouns you would use when talking about them.

People	Addressing them	Talking about them
1. Madame Martin		
2. Elsa et Caroline		
3. Julien (un ami)		
4. trois femmes et un homme		
5. un professeur		
6. une étudiante		
7. un acteur		
8. trois garçons		

2 Complétez Complete these sentences with the correct subject pronouns.

1. _____ est étudiante.

2. _____ sommes à l'université

3. _____ suis un ami.

4. _____ est professeur.

5. _____ sont copains.

6. _____ es acteur.

7. _____ êtes ici?

8. _____ sont chanteuses.

3 Nous sommes... Rewrite each sentence with the new subject and the correct form of the verb être. Make other changes as needed.

> **Modèle**
>
> Il est professeur. Nous *sommes professeurs.*

1. Nous sommes étudiants. Vous _____.

2. Elle est à Paris. Tu _____.

3. Je suis actrice. Il _____.

4. Vous êtes copines. Ils _____.

5. Tu es à la librairie. Je _____.

4 Bienvenue à Aix-en-Provence! David has just arrived in Aix-en-Provence. Complete his paragraph with the correct forms of **être**.

Bonjour! Je m'appelle David. Je (1) _____ étudiant ici, à Aix-en-Provence. Rachid, Sandrine,

Amina et Stéphane (2) _____ des amis. Sandrine, elle (3) _____ chanteuse. Rachid,

Amina et moi, nous (4) _____ étudiants à l'université. Stéphane (5) _____ élève au

lycée. Et toi, tu (6) _____ étudiant?

5 Identifiez Identify these people or things using **c'est** or **ce sont**.

1. _____ 2. _____ 3. _____ 4. _____

_____ _____ _____ _____

5. _____ 6. _____ 7. _____ 8. _____

_____ _____ _____ _____

6 Répondez Answer these questions using complete sentences.

1. La France est-elle en Europe?

   Oui, _____

2. Johnny Depp est-il acteur?

   Oui, _____

3. Céline Dion et Beyoncé sont-elles chanteuses?

   Oui, _____

4. Tu es un(e) élève?

   Oui, _____

5. Tes (*Your*) cours sont-ils intéressants?

   Oui, _____

1B.1 The verb être (audio activities)

1 **Identifiez** For each drawing, you will hear two statements. Choose the one that corresponds to the drawing.

1. a.   b.   2. a.   b.   3. a.   b.   4. a.   b.

2 **Complétez** Listen to the following sentences and write the missing verb. Repeat the sentence.

1. Je _____ étudiante à Boston.

2. Mon amie Maéva _____ suisse.

3. Nous _____ des États-Unis.

4. Mes professeurs _____ intéressants.

5. Vous _____ Madame Dufour?

6. Tu _____ en retard (*late*).

3 **Questions** Answer each question you hear. Repeat the correct response after the speaker.

> **Modèle**
> *You hear:* Et toi?
> *You see:* timide
> *You say:* Je suis timide.

1. égoïste
2. intelligent
3. sincère
4. difficile
5. sociable

1B.2 Adjective agreement

1   **Les contraires** Match the words in the first column with their opposites in the second. Use a dictionary, if necessary.

_____ 1. optimiste   a. désagréable

_____ 2. sociable   b. difficile

_____ 3. agréable   c. similaire

_____ 4. impatient   d. pessimiste

_____ 5. facile   e. dépendant

_____ 6. différent   f. impoli

_____ 7. indépendant   g. patient

_____ 8. poli   h. timide

2   **Chassez l'intrus** Circle the adjective that does not belong with the others.

1. difficile, égoïste, agréable   5. américain, sincère, canadien

2. poli, pessimiste, sociable   6. québécois, sincère, sympathique

3. sympathique, italien, espagnol   7. allemand, charmant, suisse

4. intelligent, brillant, impatient   8. occupé, timide, réservé

3   **Nationalités** What nationalities are these people? Write sentences according to the model.

> **Modèle**
>
> Carole / France: *Carole est française.*

1. Bob et Jim / les États-Unis (*U.S.*): _____

2. Amani et Ahmed / le Sénégal: _____

3. Trevor / l'Angleterre (*England*): _____

4. Francine / le Québec: _____

5. Monika / l'Allemagne (*Germany*): _____

6. Maria-Luisa / l'Italie: _____

7. François et Jean-Philippe / la Suisse: _____

8. Gabriela / le Mexique: _____

9. Yoko et Keiko (*f.*) / le Japon (*Japan*): _____

10. Paul / le Canada: _____

4 **Les personnes célèbres** Finish these sentences using the correct forms of **être** and the adjectives in parentheses.

1. Jim Carey (amusant) _____.

2. Catherine Zeta-Jones (élégant) _____.

3. Julia Roberts et Renée Zellewegger (sympathique) _____.

4. George Clooney et Kelly Ripa (charmant) _____.

5. Stephen Hawkings (brillant) _____.

6. Dr. Phil et Oprah Winfrey (sociable) _____.

7. Le prince Charles et la reine (*queen*) Elizabeth II (réservé) _____.

8. Donald Trump (intelligent) _____.

5 **Décrivez** Look at the illustration and describe each person using as many adjectives as possible. Use your imagination to describe their personalities. Write complete sentences.

1. Charles _____
_____

2. Suzanne _____
_____

3. Charlotte _____
_____

4. Robert _____
_____

5. Thomas _____
_____

6. Fido _____
_____

1B.2 Adjective agreement (audio activities)

1 **Masculin ou féminin?** Change each sentence from the masculine to the feminine or vice versa. Repeat the correct answer after the speaker. (*6 items*)

> **Modèle**
> L'homme est français.
> *La femme est française.*

2 **Singulier ou pluriel?** Change each sentence from the singular to the plural and vice versa. Repeat the correct answer after the speaker. (*6 items*)

> **Modèle**
> Le garçon est sympathique.
> *Les garçons sont sympathiques.*

3 **Mes camarades de classe** Describe these people using the cues. Repeat the correct response after the speaker.

> **Modèle**
> *You hear:* Anissa
> *You see:* amusant
> *You say:* Anissa est amusante.

1. intelligent   5. élégant
2. patient   6. sociable
3. égoïste   7. poli
4. optimiste   8. différent

4 **Complétez** Listen to the following description and write the missing words.

Brigitte (1) _____ (2) _____. Elle et Paul, un

(3) _____, (4) _____ étudiants à (5) _____

Laval. Ils (6) _____ (7) _____. Paul est étudiant

en (8) _____ et Brigitte, en (9) _____

(10) _____. Dans le cours de français, il y a des (11) _____

et des (12) _____; il y a aussi une (13) _____ et une

(14) _____. Les étudiants sont très (15) _____,

(16) _____ et (17) _____.

Unité 1

PANORAMA

Savoir-faire

1 **Les villes capitales** Match the countries with their capital cities.

_____ 1. Suisse   a. Conakry

_____ 2. Algérie   b. Bamako

_____ 3. Guinée   c. Port-au-Prince

_____ 4. Mali   d. Alger

_____ 5. Cameroun   e. Paris

_____ 6. Haïti   f. Yaoundé

_____ 7. France   g. Victoria

_____ 8. Seychelles   h. Berne

2 **Francophones célèbres** Where do these people come from?

1. Marie-José Pérec _____

2. Marie Curie _____

3. René Magritte _____

4. Ousmane Sembène _____

5. Céline Dion _____

6. Jean Reno _____

3 **Les professions** Match these people with their professions.

_____ 1. Jean Reno   a. écrivain et cinéaste

_____ 2. René Magritte   b. chanteuse

_____ 3. Ousmane Sembène   c. coureuse olympique

_____ 4. Marie Curie   d. acteur

_____ 5. Marie-José Pérec   e. peintre

_____ 6. Céline Dion   f. scientifique

4 **Vrai ou faux?** Indicate whether these statements are **vrai** or **faux**.

	Vrai	Faux
1. Le français est la langue officielle du Québec.	○	○
2. L'Algérie est une colonie française.	○	○
3. On a vendu la Louisiane pour 15 millions de dollars.	○	○
4. 350.000 personnes en Louisiane parlent français.	○	○
5. Le rôle de l'O.I.F est la promotion de la langue française.	○	○
6. Ousmane Sembène est un chanteur africain.	○	○
7. On parle français sur cinq continents.	○	○
8. Le français est la deuxième langue enseignée dans le monde.	○	○

5 **Où?** What places do these statements describe?

1. Il y a une loi qui oblige l'affichage en français dans les lieux publics. _____

2. On y (*there*) mange du jambalaya. _____

3. On y parle arabe et français. _____

4. On y fête la Journée internationale de la Francophonie. _____

5. C'est une région francophone aux États-Unis. _____

6. Les employés du gouvernement sont bilingues. _____

6 **La francophonie** Identify these French-speaking countries or regions. Look at the maps at the end of your book, if necessary.

1. _____
2. _____
3. _____
4. _____
5. _____
6. _____

Unité 2

CONTEXTES

Leçon 2A

---

1   **Cherchez** In the grid, find and circle the fifteen words for courses listed. Look backwards, forwards, vertically, horizontally, and diagonally.

architecture	informatique
art	lettres
chimie	mathématiques
droit	philosophie
espagnol	physique
géographie	psychologie
gestion	sciences
histoire	

```
M P S Y C H O L O G I E H Ô
S E C N E I C S P S U P G H
P G H H D Y H H T Q T S A P
G É O G R A P H I E O R Y I
H E H S O I U T E I C H R S
S E U Q I T A M É H T A M H
H S R I T M I V I P Î E S A
I P O I R G O T P O T R E T
S A T O A E Y E S Q T R T C
T G F O S C G S F O S M T U
O N G L T E O F T L U S T H
I O I U E P H Y S I Q U E H
R L R M E T A R R H O R L P
E E I M I H C N P P T N É N
```

---

2   **Chassez l'intrus** Circle the word that does not belong in each group.

1. le français, l'anglais, la biologie, l'espagnol

2. un cours, un gymnase, une bourse, un diplôme

3. une note, le droit, un examen, le devoir

4. la physique, la chimie, l'architecture, la biologie

5. les langues étrangères, l'économie, la gestion, le droit

6. l'architecture, l'art, l'informatique, le stylisme

---

3   **En quel cours?** In what class would you study these people or things?

1. Abraham Lincoln, Winston Churchill _____

2. Claude Monet, Léonard de Vinci _____

3. Sigmund Freud, Carl Jung _____

4. l'Afrique, l'océan Pacifique _____

5. la culture française, la grammaire _____

6. la mode, les styles modernes _____

7. Ernest Hemingway, William Shakespeare _____

8. les plantes, les animaux _____

9. Jean-Paul Sartre, Emmanuel Kant _____

10. Albert Einstein, Stephen Hawking _____

---

4 **C'est pour quel cours?** In which class would you most likely use these objects?

_____ 1. les crayons de couleur	a. les mathématiques
_____ 2. un dictionnaire anglais-français	b. la géographie
_____ 3. une calculatrice	c. la biologie
_____ 4. un ordinateur	d. le français
_____ 5. un microscope	e. l'éducation physique
_____ 6. une carte topographique	f. l'informatique
_____ 7. un ballon (*ball*)	g. le droit
_____ 8. une explication de la constitution	h. l'art

5 **Associations** Choose the word most closely associated with each of these terms.

l'art	un gymnase	les mathématiques
les études supérieures	l'informatique	une note
la gestion	une langue étrangère	les sciences politiques

1. les sports _____   5. l'université _____

2. les ordinateurs _____   6. le gouvernement _____

3. un examen _____   7. un poster _____

4. l'algèbre _____   8. la littérature française _____

6 **À votre avis** Do you like these subjects? Give your opinion (**votre avis**) on these classes using the words listed below or other adjectives you know. Use a different adjective in each sentence.

> *Modèle*
> l'anglais
> *J'aime bien l'anglais. C'est facile.*

agréable	difficile	intéressant
amusant	facile	inutile
différent	important	utile

1. le stylisme _____

2. l'éducation physique _____

3. le français _____

4. la gestion _____

5. la philosophie _____

6. la psychologie _____

7. l'histoire _____

8. les mathématiques _____

CONTEXTES: AUDIO ACTIVITIES

1 **Classifiez** Indicate whether each word you hear is a person (**personne**), a course (**cours**), an object (**objet**), or a place (**endroit**).

	personne	cours	objet	endroit
1.				
2.				
3.				
4.				
5.				
6.				
7.				
8.				

2 **Décrivez** For each drawing you will hear two statements. Choose the one that corresponds to the drawing.

1. a.   b.   2. a.   b.   3. a.   b.   4. a.   b.

3 **Les cours** You will hear six people talking about their favorite topics. Decide which classes they attend.

1. _____   a. chimie

2. _____   b. psychologie

3. _____   c. philosophie

4. _____   d. géographie

5. _____   e. stylisme

6. _____   f. histoire

LES SONS ET LES LETTRES

Liaisons

Consonants at the end of French words are generally silent, but are usually pronounced when the word that follows begins with a vowel sound. This linking of sounds is called a liaison.

À tout à l'heure!   Comment allez-vous?

An s or an x in a liaison sounds like the letter *z*.

les étudiants   trois élèves   six élèves   deux hommes

Always make a liaison between a subject pronoun and a verb that begins with a vowel sound; always make a liaison between an article and a noun that begins with a vowel sound.

nous aimons   ils ont   un étudiant   les ordinateurs

Always make a liaison between **est** (a form of **être**) and a word that begins with a vowel or a vowel sound. Never make a liaison with the final consonant of a proper name.

Robert est anglais.   Paris est exceptionnelle.

Never make a liaison with the conjunction **et** (*and*).

Carole et Hélène   Jacques et Antoinette

Never make a liaison between a singular noun and an adjective that follows it.

un cours horrible   un instrument élégant

---

1 Prononcez Practice saying these words and expressions aloud.

1. un examen	4. dix acteurs	7. des informations	10. Bernard aime
2. des étudiants	5. Paul et Yvette	8. les études	11. chocolat italien
3. les hôtels	6. cours important	9. deux hommes	12. Louis est

---

2 Articulez Practice saying these sentences aloud.

1. Nous aimons les arts.   4. Sylvie est avec Anne.
2. Albert habite à Paris.   5. Ils adorent les deux universités.
3. C'est un objet intéressant.

---

3 Dictons Practice reading these sayings aloud.

1. Les amis de nos amis sont nos amis.   2. Un hôte non invité doit apporter son siège.

---

4 Dictée You will hear a conversation. Listen carefully and write what you hear during the pauses. The entire conversation will then be repeated so you can check your work.

ANNE _____

PATRICK _____

ANNE _____

PATRICK _____

ANNE _____

PATRICK _____

Unité 2 Audio Activities

Roman-photo

TROP DE DEVOIRS!

Avant de regarder

1 **Qu'est-ce qui se passe?** In this video, the characters talk about their classes and what they think about them. What words and expressions do you think they might say?

_____
_____
_____
_____
_____

En regardant la vidéo

2 **Qui...?** Watch the first scene and indicate which character says each of these lines. Write **An** for Antoine, **R** for Rachid, or **D** for David.

_____ 1. Les études, c'est dans la tête.

_____ 2. Est-ce que tu oublies ton coloc?

_____ 3. On a rendez-vous avec Amina et Sandrine.

_____ 4. Je déteste le cours de sciences po.

_____ 5. Le P'tit Bistrot? Sympa.

_____ 6. Je n'aime pas tellement le prof, Monsieur Dupré, mais c'est un cours intéressant et utile.

_____ 7. Ah oui? Bon, ben, salut Antoine!

_____ 8. Moi, je pense que c'est très difficile, et il y a beaucoup de devoirs.

3 **Finissez-les!** Watch the scene as the four friends discuss their day. Match the first half of these sentences with their completions according to what you hear.

_____ 1. Je suis chanteuse, ...

_____ 2. C'est cool, ...

_____ 3. Donne-moi...

_____ 4. Comme j'adore...

_____ 5. C'est différent de l'université américaine, ...

_____ 6. J'aime bien les cours...

_____ 7. Bon, Pascal, ...

_____ 8. Demain, on étudie...

a. j'adore Dumas.

b. au revoir, chéri.

c. *Les Trois Mousquetaires* d'Alexandre Dumas.

d. de littérature et d'histoire françaises.

e. mais c'est intéressant.

f. mais j'adore les classiques de la littérature.

g. penser à toi!

h. le sac à dos, Sandrine.

Unité 2 Roman-photo Activities

4 **Les matières** Place check marks next to the subjects Stéphane is studying.

- ❑ 1. les maths
- ❑ 2. la physique
- ❑ 3. l'anglais
- ❑ 4. le droit
- ❑ 5. le français

- ❑ 6. le stylisme
- ❑ 7. l'histoire-géo
- ❑ 8. les sciences politiques
- ❑ 9. la chimie
- ❑ 10. la psychologie

Après la vidéo

5 **Vrai ou faux?** Indicate whether these statements are **vrai** or **faux**.

	Vrai	Faux
1. Rachid déteste le cours de sciences po.	○	○
2. Rachid et Antoine partagent un des appartements du P'tit Bistrot.	○	○
3. Rachid n'aime pas Monsieur Dupré.	○	○
4. Rachid pense que le cours de sciences po est très difficile.	○	○
5. Rachid pense que le cours de sciences po est utile.	○	○
6. Stéphane n'étudie pas l'anglais.	○	○
7. Stéphane déteste les maths.	○	○
8. Stéphane pense que Madame Richard donne trop de devoirs.	○	○
9. Stéphane adore l'histoire-géo.	○	○
10. Stéphane n'aime pas Monsieur Dupré.	○	○

6 **Expliquez** What is happening in this photo? In English, describe the events leading up to this moment.

_____
_____
_____
_____
_____
_____
_____
_____

7 **À vous!** Give your opinion about four of your classes. Use a variety of adjectives to describe them.

1. Mon cours de/d'_____, c'est _____.

2. Mon cours de/d'_____, c'est _____.

3. Mon cours de/d'_____, c'est _____.

4. Mon cours de/d'_____, c'est _____.

Flash culture

AU LYCÉE

Avant de regarder

1   **Au lycée français**   In this video, you will learn about high schools in France. Make a list of French words related to school life, including places and academic subjects.

_____ _____ _____

_____ _____ _____

_____ _____ _____

_____ _____ _____

_____ _____ _____

2   **Qu'est-ce que c'est?**   Check the appropriate column to classify these words as a place (**un endroit**) or a class (**un cours**).

	endroit	cours
1. la librairie	○	○
2. la physique	○	○
3. la cantine	○	○
4. les lettres	○	○
5. la bibliothèque	○	○
6. la salle de classe	○	○
7. le gymnase	○	○
8. le bureau	○	○
9. les mathématiques	○	○
10. l'histoire	○	○
11. la chimie	○	○
12. la philosophie	○	○

En regardant la vidéo

3   **Mettez-les dans l'ordre**   Number these places and subjects in the order in which they are mentioned in the video.

_____ a. le lycée Cézanne

_____ b. l'anglais

_____ c. le point de rencontre des élèves

_____ d. la philosophie

_____ e. la physique

_____ f. la salle de cours

_____ g. le cours de français

4 **Choisissez** Watch as Benjamin interviews several students about their classes, and place check marks next to the classes the students mention.

❏ 1. biologie   ❏ 6. maths

❏ 2. anglais   ❏ 7. informatique

❏ 3. français   ❏ 8. physique

❏ 4. sciences politiques   ❏ 9. philosophie

❏ 5. histoire-géo   ❏ 10. psychologie

5 **Qu'est-ce qu'ils disent?** Match these images with their captions.

1. _____   2. _____   3. _____

4. _____   5. _____   6. _____

a. Bof, ça va.

b. C'est ici qu'ils passent le temps entre les cours.

c. Oui, mais c'est difficile.

d. C'est un cours de français.

e. Vous avez quel cours maintenant?

f. Chut! Nous sommes maintenant dans la bibliothèque.

Après la vidéo

6 **Dans mon école** List five different places around your school. Then describe what you usually do at each one.

_____

_____

_____

_____

_____

_____

_____

2A.1 Present tense of regular -er verbs (audio activities)

1 **Transformez** Describe what you and your friends do using the cues. Repeat the correct response after the speaker.

> **Modèle**
>
> *You hear:* Édouard
> *You see:* manger à la cantine
> *You say:* Édouard mange à la cantine.

1. adorer la mode (*fashion*)
2. détester les examens
3. étudier à la bibliothèque
4. retrouver des amis au café
5. aimer mieux la philosophie
6. penser que la chimie est difficile

2 **Changez** Listen to the following statements. Using the cues you hear, say that these people do the same activities. Repeat the correct answer after the speaker. (*8 items*)

> **Modèle**
>
> J'étudie l'architecture. (Charles)
> *Charles étudie l'architecture.*

3 **Choisissez** Listen to each statement and choose the most logical response.

1. a. Nous mangeons.
2. a. Vous travaillez.
3. a. Nous regardons la télé.
4. a. Tu habites à Paris.
5. a. Elle aime travailler ici.
6. a. Tu adores parler.

   b. Vous mangez.
   b. Ils travaillent.
   b. Nous dessinons la télé.
   b. J'habite à Paris.
   b. Elles aiment travailler ici.
   b. Tu détestes parler.

4 **Regardez** Listen to each statement and write the number of the statement below the drawing it describes.

a. _____   b. _____   c. _____   d. _____

2A.2 Forming questions and expressing negation

1 **Est-ce que...?** Make questions out of these statements using est-ce que.

1. Vous êtes canadien.

   _____

2. Tu regardes la télévision.

   _____

3. Ils cherchent un livre à la bibliothèque.

   _____

4. Nous arrivons à l'école.

   _____

5. Elle parle chinois (*Chinese*).

   _____

2 **Les questions** Make questions out of these statements by inverting the word order.

1. Ils sont québécois.

   _____

2. Elles adorent voyager.

   _____

3. Tu parles espagnol.

   _____

4. Il y a vingt-cinq élèves.

   _____

5. Le professeur donne des devoirs difficiles.

   _____

3 **Quelle est la question?** Write questions that would prompt these responses. Use the type of question indicated in parentheses.

1. (est-ce que) _____?

   Non, les cours ne commencent pas demain.

2. (n'est-ce pas) _____?

   Oui, j'aime voyager.

3. (est-ce que) _____?

   Non, il n'y a pas de problème.

4. (inversion) _____?

   Oui, nous sommes étudiants.

5. (d'accord) _____?

   Mais non! Je n'aime pas manger à la cantine.

4 **Mais Robert!** Robert is very negative and contradicts everything. Write his answers to these questions using complete sentences.

> **Modèle**
> —Tu partages le chocolat?
> —Non, *je ne partage pas le chocolat.*

1. —Étudies-tu les sciences politiques?

   —Non, _____

2. —Cherches-tu le stylo?

   —Non, _____

3. —Aimes-tu le chocolat?

   —Non, _____

4. —Est-ce que l'examen est facile?

   —Non, _____

5. —Tu aimes parler avec des amis, n'est-ce pas?

   —Non, _____

6. —Tu n'es pas sociable?

   —Si, _____

5 **Et vous?** Write your answers to these questions using complete sentences. Vary your responses by including a variety of words and expressions from the list.

bien sûr	oui	peut-être
mais non	pas du tout	si

1. Vous n'aimez pas voyager?

   _____

2. Aimez-vous les examens?

   _____

3. La physique, c'est facile?

   _____

4. Vous êtes intelligent(e), n'est-ce pas?

   _____

5. Est-ce que vous étudiez avec des copains?

   _____

2A.2 Forming questions and expressing negation (audio activities)

1 **Mes camarades de classe** You want to know about your classmates, so you ask your friend Simon questions with **est-ce que** using the cues. Repeat the correct question after the speaker.

> **Modèle**
> *You hear:* parler en cours
> *You see:* Bertrand
> *You say:* Est-ce que Bertrand parle en cours?

1. Émilie   3. Antoine et Ahmed   5. Sophie et toi
2. toi   4. Pierre-Étienne   6. Sara et Maude

2 **Questions** You want to know about your classmates, so you ask your friend Guillaume questions with inversion using the cues. Repeat the correct question after the speaker.

> **Modèle**
> *You hear:* chercher un livre
> *You see:* Catherine
> *You say:* Catherine cherche-t-elle un livre?

1. toi   3. Michel et toi   5. le professeur
2. Marie   4. Martin   6. vous

3 **Répondez** Answer each question in the negative. Repeat the correct response after the speaker. (*6 items*)

> **Modèle**
> Est-ce que tu habites en France?
> Non, je n'habite pas en France.

4 **Complétez** Listen to the conversation between Mathilde and David. Answer the questions.

1. Est-ce que Mathilde aime les maths?

_____

2. Pourquoi est-ce qu'elle déteste la biologie?

_____

3. Est-ce qu'il y a des étudiants sympas?

_____

4. Est-ce que le professeur de physique est ennuyeux (*boring*)?

_____

5. Y a-t-il des étudiants stupides dans la classe de David?

_____

Unité 2

CONTEXTES

Leçon 2B

1 **Complétez** Complete each series with the next logical word.

1. vendredi, samedi, _____

2. le matin, midi, _____

3. avant-hier (*the day before yesterday*), hier,

_____

4. lundi, mercredi, _____

5. aujourd'hui, demain, _____

6. mardi, jeudi, _____

2 **Choisissez** Complete these sentences with a logical word from the list.

année	jours	samedi
dernier	jeudi	semaine
dimanche	lundi	mercredi

1. Il y a sept jours dans une _____.

2. Le jour avant (*before*) mardi, c'est _____.

3. Il y a douze mois dans une _____.

4. Le mois de novembre a trente _____.

5. Dimanche, c'est le _____ jour du week-end.

6. Le jour avant jeudi, c'est _____.

3 **Le calendrier** Use this calendar to answer the questions below.

octobre

L	M	M	J	V	S	D
		1	2	3	4	5
6	7	8	9	10	11	12
13	14	15	16	17	18	19
20	21	22	23	24	25	26
27	28	29	30	31		

novembre

L	M	M	J	V	S	D
					1	2
3	4	5	6	7	8	9
10	11	12	13	14	15	16
17	18	19	20	21	22	23
24	25	26	27	28	29	30

1. Quel jour de la semaine est le premier octobre? _____

2. Quel jour de la semaine est le 24 novembre? _____

3. Quel jour de la semaine est le 19 octobre? _____

4. Quel jour de la semaine est le 4 novembre? _____

5. Quel jour de la semaine est le 11 octobre? _____

6. Quel jour de la semaine est le 2 octobre? _____

7. Quel jour de la semaine est le 28 novembre? _____

Nom _____ Date _____

4 Décrivez What are these people doing? Complete each sentence with the correct form of a verb from the list.

Modèle
Amina *arrive chez Sandrine.*

arriver   regarder
dîner   rentrer
écouter   téléphoner à
préparer   voyager

1. David _____ à la maison.

2. Sandrine _____ des amis.

3. Stéphane _____ l'examen de maths.

4. David _____ au café.

5. Amina _____ de la musique.

6. Stéphane _____ la télévision.

5 Complétez Complete the weekly calendar with activities you plan to do or might like to do next week. Choose from the activities listed or include other activities. List at least eight different activities.

assister au cours de...   passer l'examen de...   regarder   trouver
dîner avec...   préparer l'examen   téléphoner à... visiter
écouter   de...   travailler

| la semaine prochaine | | | | | | | |
	lundi	mardi	mercredi	jeudi	vendredi	samedi	dimanche
matin							
midi							
soir							

44 Unité 2 Activities

CONTEXTES: AUDIO ACTIVITIES

1 L'emploi du temps You will hear a series of statements. Look at Élisabeth's schedule and indicate whether the statements are **vrai** or **faux**.

	lundi	mardi	mercredi	jeudi	vendredi	samedi	dimanche
matin	cours de français		téléphoner à Florence		cours de français		
après-midi		examen de maths		cours de danse		visiter Tours avec Carole	
soir	préparer examen de maths		dîner avec Christian			dîner en famille	dîner en famille

	Vrai	Faux		Vrai	Faux
1.	○	○	5.	○	○
2.	○	○	6.	○	○
3.	○	○	7.	○	○
4.	○	○	8.	○	○

2 Quel jour? Olivier is never sure what day of the week it is. Respond to his questions saying that it is the day before the one he mentions. Then repeat the correct answer after the speaker. (*6 items*)

> **Modèle**
> Aujourd'hui, c'est mercredi, n'est-ce pas?
> *Non, aujourd'hui, c'est mardi.*

3 Complétez Listen to this description and write the missing words.

Je (1) _____ Nathalie et j' (2) _____ en Californie.

J' (3) _____ le français et j' (4) _____ la grammaire à

l'Alliance française. Les étudiants (5) _____ un peu. Ils

(6) _____ des vidéos et ils (7) _____ des CD. Ils

(8) _____ beaucoup mais ils (9) _____ la classe amusante.

Après le cours, les étudiants et moi, nous (10) _____ dans un restaurant français.

LES SONS ET LES LETTRES

The letter r

The French **r** is very different from the English *r*. The English *r* is pronounced by placing the tongue in the middle and toward the front of the mouth. The French **r** is pronounced in the throat.

You have seen that an -**er** at the end of a word is usually pronounced -**ay**, as in the English word *way*, but without the glide sound.

chant**er**   mang**er**   expliqu**er**   aim**er**

In most other cases, the French **r** has a very different sound. Pronunciation of the French **r** varies according to its position in a word. Note the different ways the **r** is pronounced in these words.

rivière   littérature   ordinateur   devoir

If an **r** falls between two vowels or before a vowel, it is pronounced with slightly more friction.

rare   garage   Europe   rose

An **r** sound before a consonant or at the end of a word is pronounced with slightly less friction.

porte   bourse   adore   jour

1 **Prononcez** Practice saying the following words aloud.

1. crayon	5. terrible	9. rentrer	13. être
2. professeur	6. architecture	10. regarder	14. dernière
3. plaisir	7. trouver	11. lettres	15. arriver
4. différent	8. restaurant	12. réservé	16. après

2 **Articulez** Practice saying the following sentences aloud.

1. Au revoir, Professeur Colbert!
2. Rose arrive en retard mardi.
3. Mercredi, c'est le dernier jour des cours.
4. Robert et Roger adorent écouter la radio.
5. La corbeille à papier, c'est quarante-quatre euros!
6. Les parents de Richard sont brillants et très agréables.

3 **Dictons** Practice reading these sayings aloud.

1. Qui ne risque rien n'a rien.
2. Quand le renard prêche, gare aux oies.

4 **Dictée** You will hear six sentences. Each will be read twice. Listen carefully and write what you hear.

1. _____
2. _____
3. _____
4. _____
5. _____
6. _____

Roman-photo

ON TROUVE UNE SOLUTION

Avant de regarder

1   **Qu'est-ce qui se passe?** Look at the title of this episode and the photo below. What problem do you think Rachid and Stéphane are discussing? What solution might they find?

_____

_____

_____

_____

En regardant la vidéo

2   **Qui...?** Indicate which character says each of these lines. Write **R** for Rachid, **As** for Astrid, **S** for Sandrine, **D** for David, or **St** for Stéphane.

_____ 1. Quel jour sommes-nous?

_____ 2. Alors, cette année, tu as des cours difficiles, n'est-ce pas?

_____ 3. C'est un examen très important.

_____ 4. C'est difficile, mais ce n'est pas impossible.

_____ 5. Euh, n'oublie pas, je suis de famille française.

_____ 6. Mais le sport, c'est la dernière des priorités.

_____ 7. Tu as tort, j'ai très peur du bac!

_____ 8. Il n'est pas tard pour commencer à travailler pour être reçu au bac.

3   **Complétez** Watch the conversation between Astrid and Stéphane, and complete the conversation with the missing words.

copains	envie	oublient
d'accord	livres	passer

Je suis (1) _____ avec toi, Stéphane! Moi non

plus, je n'aime pas (2) _____ mes journées et

mes week-ends avec des (3) _____.

J'ai (4) _____ de passer les week-ends avec

mes (5) _____... des copains qui

n'(6) _____ pas les rendez-vous!

4 **Mettez-les dans l'ordre!** Number these events in the order in which they occur in the video.

_____ a. Astrid et Rachid parlent du bac.

_____ b. Stéphane parle de ses problèmes.

_____ c. Rachid présente David à Astrid.

_____ d. Rachid propose une solution.

_____ e. Astrid et Rachid trouvent Stéphane au parc.

Après la vidéo

5 **Qui est-ce?** Select the person each statement describes.

_____ 1. Il/Elle a cours de stylisme.

   a. Sandrine   b. Amina   c. Astrid   d. Rachid   e. Stéphane

_____ 2. Il/Elle ne fait pas ses devoirs.

   a. Sandrine   b. Amina   c. Astrid   d. Rachid   e. Stéphane

_____ 3. Il/Elle a cours de chant.

   a. Sandrine   b. Amina   c. Astrid   d. Rachid   e. Stéphane

_____ 4. Il/Elle n'écoute pas les profs.

   a. Sandrine   b. Amina   c. Astrid   d. Rachid   e. Stéphane

_____ 5. Il/Elle travaille avec Stéphane le mercredi.

   a. Sandrine   b. Amina   c. Astrid   d. Rachid   e. Stéphane

6 **Vrai ou faux?** Indicate whether these statements are **vrai** or **faux**.

	Vrai	Faux
1. Le cours de stylisme est à quatre heures vingt.	○	○
2. Aujourd'hui, c'est mercredi.	○	○
3. On a rendez-vous avec David demain à cinq heures.	○	○
4. Le cours de chant est le mardi et le jeudi.	○	○
5. Stéphane n'assiste pas au cours.	○	○
6. Stéphane a rendez-vous avec Rachid dimanche.	○	○

7 **À vous!** In this episode, you heard the characters discuss their classes and when they have them. Complete these sentences to tell what days you have classes. Use the words listed and any other words you know.

anglais	maths
français	sciences
histoire	

lundi	jeudi
mardi	vendredi
mercredi	samedi

Modèle

J'ai cours de physique le lundi et le mercredi.

1. J'ai cours de/d' _____ le _____.

2. J'ai cours de/d' _____ le _____.

3. J'ai cours de/d' _____ le _____.

4. J'ai cours de/d' _____ le _____.

STRUCTURES

2B.1 Present tense of **avoir**

1 **Assortissez-les** Choose the best completion for each sentence.

ans	~~des insectes~~
~~décembre~~	le matin
d'étudier	visiter la France

1. J'ai besoin __d'étudier__.

2. Eugène a dix-neuf _____.

3. Tu as peur __Des insctes__.

4. Nous avons envie de _____.

5. J'ai sommeil _____.

6. J'ai froid en __décembre__.

2 **Choisissez** Choose the expression that most logically completes each sentence.

1. Tu _____ des examens.

   a. as chaud   (b.) as peur   c. as raison

2. J' _____ de téléphoner à mon cousin.

   (a.) ai envie   b. ai sommeil   c. ai quinze ans

3. Laure _____ le soir.

   a. a tort   b. a envie   c. a sommeil

4. Marie et Mireille sont jeunes. Elles _____.

   a. ont cinq ans   b. ont peur   c. ont l'air

3 **Les possessions** Use the correct form of the verb **avoir** to tell what these people have or don't have.

1. Je / un ordinateur

   _____

2. Vous / trois cahiers

   _____

3. Nous / un professeur intéressant

   _____

4. Tu / ne… pas / un cours aujourd'hui

   _____

5. Ils / des calculatrices

   _____

6. Jules et Odile / un examen demain

   _____

7. Yves / ne… pas / un problème

   _____

8. Je / ne… pas / les yeux (*eyes*) bleus

   _____

4   **Complétez**   Complete these sentences with the most logical expression from the list. Remember to use the correct form of **avoir**.

| avoir besoin | avoir envie | avoir peur |
| avoir de la chance | avoir froid | avoir tort |

1. Il y a un examen demain. Nous _____ d'étudier.

2. Vous écoutez de la musique. Vous _____ de danser.

3. Ils n'ont pas raison. Ils _____.

4. Tu trouves 100 euros. Tu _____.

5. La température est de 10 degrés. Sophie _____.

6. Voilà un monstre! J' _____!

5   **Qu'est-ce qu'ils ont?**   Describe these illustrations using an expression with **avoir**.

1. Elle _____   2. Elle _____

3. Ils _____   4. Ils _____

6   **Et vous?**   Answer these questions using complete sentences.

1. Quel âge avez-vous?

_____

2. Est-ce que vous avez toujours (*always*) raison?

_____

3. Avez-vous sommeil le matin?

_____

4. De quoi (*what*) est-ce que vous avez peur?

_____

5. De quoi avez-vous besoin?

_____

6. Avez-vous un examen la semaine prochaine?

_____

7. Est-ce que vous pensez que vous avez de la chance? Pourquoi?

_____

2B.1 Present tense of avoir (audio activities)

1 **Question d'opinion** People don't always do what they should. Say what they have to do. Repeat the correct answer after the speaker. (*6 items*)

> **Modèle**
> Lucie ne mange pas le matin.
> *Lucie a besoin de manger le matin.*

2 **Changez** Form a new sentence using the cue you hear. Repeat the correct answer after the speaker. (*6 items*)

> **Modèle**
> J'ai sommeil. (nous)
> *Nous avons sommeil.*

3 **Répondez** Answer each question you hear using the cue. Repeat the correct response after the speaker.

> **Modèle**
> Tu as chaud? (non)
> *Non, je n'ai pas chaud.*

1. oui   3. non   5. non
2. non   4. oui   6. non

4 **Choisissez** Listen to each situation and choose the appropriate expression. Each situation will be read twice.

1. a. Elle a honte.   b. Elle a de la chance.
2. a. J'ai tort.   b. J'ai raison.
3. a. Il a peur.   b. Il a froid.
4. a. Nous avons chaud.   b. Nous avons sommeil.
5. a. Vous avez de la chance. b. Vous avez l'air gentil.
6. a. Ils ont envie.   b. Ils ont tort.

2B.2 Telling time

1 **L'heure** Give the time shown on each clock. Use complete sentences and write out the times.

1. _____

2. _____

3. _____

4. _____

5. _____

6. _____

2 **Quelle heure est-il?** Convert these times into digits using the 24-hour clock.

> **Modèle**
>
> Il est quatre heures de l'après-midi.
> *16h00*

1. Il est quatre heures moins vingt de l'après-midi. _____

2. Il est six heures du matin. _____

3. Il est neuf heures et quart du soir. _____

4. Il est midi. _____

5. Il est une heure dix de l'après-midi. _____

6. Il est onze heures moins le quart du matin. _____

7. Il est cinq heures cinq du soir. _____

8. Il est minuit moins dix. _____

9. Il est une heure et demie du matin. _____

10. Il est dix heures du soir. _____

3 **Transformez** Convert these times into conversational time. Write out the times.

> **Modèle**
> 13h00: *une heure de l'après-midi*

1. 12h30: _____
2. 13h10: _____
3. 7h45: _____
4. 22h50: _____

5. 9h15: _____
6. 18h40: _____
7. 3h05: _____
8. 15h30: _____

4 **Dans cinq minutes** Look at the clocks below and tell what time it will be in five minutes. Write out the times.

1. _____   2. _____   3. _____

4. _____   5. _____

5 **À vous!** Answer these questions using complete sentences. Write out the times.

1. À quelle heure est-ce que vous arrivez à l'école?

_____

2. Le cours de français commence à quelle heure?

_____

3. À quelle heure est-ce que vous rentrez à la maison?

_____

4. À quelle heure est-ce que vous dînez?

_____

5. À quelle heure est-ce que vous regardez la télévision?

_____

6. À quelle heure est-ce que vous étudiez?

_____

2B.2 Telling time (audio activities)

1 **L'heure** Look at the clock and listen to the statement. Indicate whether the statement is **vrai** or **faux**.

| 1. vrai ◯ | 2. vrai ◯ | 3. vrai ◯ | 4. vrai ◯ | 5. vrai ◯ | 6. vrai ◯ |
| faux ◯ | faux ◯ | faux ◯ | faux ◯ | faux ◯ | faux ◯ |

2 **Quelle heure est-il?** Your friends want to know the time. Answer their questions using the cues. Repeat the correct response after the speaker.

> **Modèle**
> *You hear:* Quelle heure est-il?
> *You see:* 2:15 p.m.
> *You say:* Il est deux heures et quart de l'après-midi.

| 1. 10:25 a.m. | 3. 7:45 p.m. | 5. 9:15 a.m. | 7. 5:20 p.m. |
| 2. 12:10 a.m. | 4. 3:30 p.m. | 6. 10:50 p.m. | 8. 12:30 p.m. |

3 **À quelle heure?** You are trying to plan your class schedule. Ask your counselor what time these classes meet and write the answer.

> **Modèle**
> *You see:* le cours de géographie
> *You say:* À quelle heure est le cours de géographie?
> *You hear:* Il est à neuf heures et demie du matin.
> *You write:* 9:30 a.m.

1. le cours de biologie _____

2. le cours d'informatique _____

3. le cours de maths _____

4. le cours d'allemand _____

5. le cours de chimie _____

6. le cours de littérature _____

4 **Les trains** Your friend is in Paris and plans to go to the Riviera. He wants to know the train schedule. Using the 24-hour clock, answer his questions using the cues. Repeat the correct response after the speaker.

> **Modèle**
> *You hear:* À quelle heure est le dernier train pour Nice?
> *You see:* 7:30 p.m.
> *You say:* Il est à dix-neuf heures trente.

| 1. 9:05 p.m. | 3. 10:30 a.m. | 5. 12:23 p.m. |
| 2. 8:15 a.m. | 4. 5:25 p.m. | 6. 10:27 p.m. |

Unité 2

PANORAMA

Savoir-faire

---

1   **Vrai ou faux?** Indicate whether these statements are **vrai** or **faux**.

		Vrai	Faux
1.	La population de la France est de moins de (*less than*) 50.000.000 d'habitants.	○	○
2.	Paris, Lille et Marseille sont des villes importantes.	○	○
3.	L'énergie est une des industries principales en France.	○	○
4.	Il y a plus de 12.000 musées en France.	○	○
5.	La France a une superficie de moins de 550.000 kilomètres carrés.	○	○
6.	Auguste Renoir est un écrivain français.	○	○
7.	Claude Debussy est compositeur et musicien.	○	○
8.	Les Académiciens défendent le bon usage du français.	○	○
9.	La France n'est pas une puissance (*power*) industrielle.	○	○
10.	La France est un pays membre de l'Union européenne.	○	○

2   **Choisissez** Choose the correct completion for these sentences.

1. On appelle le cinéma le _____.
   a. 5e art
   b. 6e art
   c. 7e art

2. La France est en forme _____.
   a. d'hexagone
   b. de triangle
   c. de pentagone

3. Le TGV roule à plus de _____ kilomètres à l'heure.
   a. 200
   b. 300
   c. 400

4. François Truffaut et Luc Besson sont des _____ français.
   a. cinéastes
   b. acteurs
   c. peintres

5. Peugeot et Citroën sont des _____ françaises.
   a. films
   b. voitures
   c. trains

6. La Loire, la Garonne et le Rhône sont des _____ de France.
   a. châteaux
   b. fleuves
   c. forêts

---

3   **Complétez** Complete these statements with words from the list.

actrices	euro	industries
cinéma	femme sculpteur	maritimes
écrivain	héroïne	trains

1. Les produits de luxe et le tourisme sont des _____ principales.

2. La monnaie de la France s'appelle l'_____.

3. Jeanne d'Arc est une _____ française.

4. Camille Claudel est une _____ française.

5. Émile Zola est un _____ français.

6. La mer Méditerranée et la Manche sont des fronts _____.

7. La SNCF est le système des _____ français.

8. Catherine Deneuve et Audrey Tautou sont des _____ françaises.

4   **La France** Label the French cities numbered on the map.

1. _____   5. _____

2. _____   6. _____

3. _____   7. _____

4. _____   8. _____

Unité 3

CONTEXTES

Leçon 3A

1 **L'arbre généalogique** Use the clues below to complete Amandine's family tree.

1. Marcelle est la mère d'Amandine.
2. Raymond et Marcelle ont une fille et un fils.
3. Michel est le frère d'Amandine.
4. Aminata et Hassan ont un enfant.
5. Marcelle est la belle-sœur d'Hassan.
6. Aminata a une sœur.
7. Gustave est le petit-fils de Pierre.
8. Hassan est le beau-fils d'Aïcha.

2 **L'album de photos** Decide which picture best corresponds to each description.

a   b   c   d   e   f

_____ 1. C'est mon cousin, Franck, et ma cousine, Séverine. Ils étudient à l'Université de Lyon.

_____ 2. Voici la mère de ma mère. Elle est veuve. Elle s'appelle Anne-Marie.

_____ 3. Voici mes grands-parents. Ils habitent à Aix-en-Provence.

_____ 4. Voici mon oncle, Stéphane, et sa femme, Véronique. Mon cousin, Guillaume, a un chat.

_____ 5. Voici ma sœur aînée. Elle a 21 ans. Elle est avec son petit ami, Frédéric.

_____ 6. Voici mon demi-frère. Il a 2 ans. Il est le cadet de la famille.

3 **Cherchez** Find fifteen more family-related words in the grid. They may appear horizontally, vertically, or diagonally.

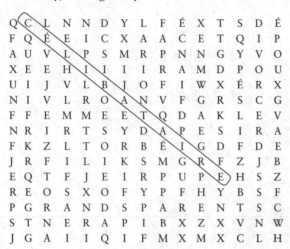

Q C L N N D Y L F É X T S D É
F Q É E I C X A A C E T Q I P
A U V L P S M R P N N G Y V O
X E E H I I I R A M D P O U
U I J V L B J O F I W X É R X
N I V L R O A N V F G R S C G
F F E M M E E T Q D A K L E V
N R I R T S Y D A P E S I R A
F K Z L T O R B É I G D F D E
J R F I L I K S M G R F Z J B
E Q T F J E I R P U P E H S Z
R E O S X O F Y P F H Y B S F
P G R A N D S P A R E N T S C
S T N E R A P I B X Z X V N W
J G A I I Q I F M X M X C L H

célibataire	grands-parents
divorcer	mari
époux	neveu
famille	parents
femme	petits-enfants
fiancé	séparé
fille	veuf
fils	voisin

4 **Complétez** Complete these analogies according to the model.

> **Modèle**
>
> demi-frère : demi-sœur :: frère : *sœur*

1. cousine : cousin :: sœur : _____
2. marié : séparé :: épouser : _____
3. épouse : époux :: femme : _____
4. neveu : oncle :: nièce : _____
5. parents : grands-parents :: enfants : _____
6. mère : fille :: père : _____

5 **Écrivez** Read this e-mail from your French pen-pal. Then describe your family in your response.

Bonjour,

Ma mère s'appelle Sandrine et mon père s'appelle Vincent. J'ai un frère aîné, Raphaël, et une sœur cadette, Céline. Nous habitons à Paris. Ma tante Thérèse et mon oncle Hassan ont deux enfants. Mes cousins, Karim et Jacques, ont 7 et 12 ans. Ils habitent à Lyon. Ma grand-mère Camille est veuve. Elle habite avec nous à Paris. C'est la mère de mon père. Mes grands-parents Yves et Mathilde sont les parents de ma mère. Ils habitent à Nîmes. Comment est ta famille?

Bisous, Sylvie.

_____

_____

_____

_____

Nom _____ Date _____

1 Qui est-ce? You will hear some questions. Look at the family tree and give the correct answer to each question.

La famille Martin

Paul   Lucie

Gérard   Sophie   Édouard   Mathilde

Lise   Tristan   Antoine   Myriam   Jérôme

1. _____
2. _____
3. _____
4. _____
5. _____
6. _____
7. _____
8. _____
9. _____
10. _____

2 La famille Martin Lise's new friend just met her family and wants to verify the various relationships. Look at the family tree in **Activité 1,** and answer the questions. Repeat the answer after the speaker. (*6 items*)

> *Modèle*
> Paul est le frère de Gérard, n'est-ce pas?
> Non, Paul *est le beau-père de Gérard.*

3 Complétez Listen to this story and write the missing words.

Je m'appelle Julien. Mes (1) _____ sont divorcés. J'habite avec ma

(2) _____ et ma (3) _____. Nous partageons une maison avec le

(4) _____ de ma (5) _____. Mon (6) _____ et ma

(7) _____ ont trois (8) _____. Mon (9) _____ s'appelle

Simon et mes (10) _____ s'appellent Coralie et Sixtine. Mon

(11) _____ est marié et ma (12) _____ s'appelle Sabine. J'ai un

(13) _____ Théophile.

LES SONS ET LES LETTRES

L'accent aigu and l'accent grave

In French, diacritical marks (accents) are an essential part of a word's spelling. They indicate how vowels are pronounced or distinguish between words with similar spellings but different meanings. **L'accent aigu** (´) appears only over the vowel e. It indicates that the e is pronounced similarly to the vowel *a* in the English word *cake* but shorter and crisper.

   étudier   réservé   élégant   téléphone

L'accent aigu also signals some similarities between French and English words. Often, an e with **l'accent aigu** at the beginning of a French word marks the place where the letter *s* would appear at the beginning of the English equivalent.

   éponge   épouse   état   étudiante
   sponge   *spouse*   *state*   *student*

L'accent grave (`) appears only over the vowels **a**, **e**, and **u**. Over the vowel e, it indicates that the e is pronounced like the vowel *e* in the English word *pet*.

   très   après   mère   nièce

Although **l'accent grave** does not change the pronunciation of the vowels *a* or *u*, it distinguishes words that have a similar spelling but different meanings.

   la   là   ou   où
   the   *there*   *or*   *where*

---

1 **Prononcez** Practice saying these words aloud.

   1. agréable   3. voilà   5. frère   7. déjà   9. lycée   11. là
   2. sincère   4. faculté   6. à   8. éléphant   10. poème   12. élève

---

2 **Articulez** Practice saying these sentences aloud.

   1. À tout à l'heure!   4. Voilà mon père, Frédéric, et ma mère, Ségolène.
   2. Thérèse, je te présente Michèle.   5. Tu préfères étudier à la fac demain après-midi?
   3. Hélène est très sérieuse et réservée.

---

3 **Dictons** Practice saying these sayings aloud.

   1. Tel père, tel fils.   2. À vieille mule, frein doré.

---

4 **Dictée** You will hear eight sentences. Each will be said twice. Listen carefully and write what you hear.

   1. _____

   2. _____

   3. _____

   4. _____

   5. _____

   6. _____

   7. _____

   8. _____

Roman-photo

L'ALBUM DE PHOTOS

Avant de regarder

1 **Examinez le titre** Look at the title of the video module. Based on the title and the video still below, what do you think you will see in this episode? Use your imagination and answer in French.

_____

_____

_____

_____

En regardant la vidéo

2 **Les photos de tante Françoise** As the characters look at the family photos, check off each family member you see or hear described.

❏ 1. Stéphane's younger cousin, Bernard
❏ 2. Valérie's older brother, Henri
❏ 3. Valérie's sister-in-law
❏ 4. Valérie's sister
❏ 5. Stéphane's least favorite cousin, Charles

❏ 6. Stéphane's dog, Socrates
❏ 7. Charles' dog, Socrates
❏ 8. Françoise's daughter, Sophie
❏ 9. Sophie's brother, Bernard
❏ 10. Henri's oldest son, Charles

3 **Associez** Match each person with the adjective(s) used to describe them in this video segment. Some adjectives may be used for more than one person.

a. heureux/heureuse
b. sérieux/sérieuse
c. brillant(e)
d. intelligent(e)
e. timide
f. sociable
g. joli(e)
h. curieux/curieuse

_____ 1. Amina
_____ 2. Michèle
_____ 3. Henri
_____ 4. Charles

_____ 5. Sophie
_____ 6. Françoise
_____ 7. Rachid
_____ 8. Stéphane

4 **Vrai ou faux?** Indicate whether each statement is **vrai** or **faux**.

	Vrai	Faux
1. Amina connaît (*knows*) bien Cyberhomme.	○	○
2. Michèle et Amina sont amies.	○	○
3. Valérie pense que Stéphane doit (*should*) étudier davantage (*more*).	○	○
4. Stéphane pense qu'il étudie beaucoup.	○	○
5. Stéphane ne comprend (*understand*) pas comment utiliser un CD-ROM.	○	○
6. Stéphane et Valérie regardent des photos sur l'ordinateur d'Amina.	○	○
7. Michèle est une amie de Sophie.	○	○
8. Stéphane n'aime pas Socrates.	○	○
9. Valérie pense que Rachid est un bon (*good*) étudiant.	○	○
10. Amina pense que préparer le bac avec Rachid est une mauvaise idée.	○	○

Après la vidéo

5 **Corrigez** Each statement below contains one piece of false information. Underline the incorrect word(s), and write the correct one(s) in the space provided.

1. Cyberhomme est le cousin d'Amina. _____

2. Michèle est timide. _____

3. Stéphane a vingt-quatre ans. _____

4. Stéphane adore ses cours. _____

5. Stéphane a un dictionnaire espagnol-français. _____

6. Il a aussi un cahier pour le cours de littérature. _____

7. Henri a quarante-sept ans. _____

8. Henri est célibataire. _____

9. Il y a un chat sur la photo. _____

10. Amina aime l'idée de Stéphane; elle est pessimiste. _____

6 **Répondez** Answer these questions in complete sentences.

1. Amina mange-t-elle?

_____

2. Qu'est-ce qu'Amina a besoin de faire (do)?

_____

3. Qu'est-ce qu'il y a dans le sac à dos de Stéphane?

_____

4. Quel (Which) cousin est-ce que Stéphane n'aime pas?

_____

5. Combien d'enfants Henri et Françoise ont-ils?

_____

6. Pourquoi est-ce une idée géniale de préparer le bac avec Rachid?

_____

7 **À vous!** In your own words, describe the people in the family photo according to what you heard in the video episode. Include names; relationship to Valérie, Stéphane, or each other; and any other details you remember, such as age, appearance, or personality.

_____

_____

_____

_____

_____

_____

_____

_____

Flash culture

LA FAMILLE ET LES COPAINS

Avant de regarder

1   **Vocabulaire supplémentaire** Look over these words and expressions before you watch the video; you will hear them in this segment.

la petite	*the little girl*	donner à manger	*to feed*
là-bas	*over there*	Vous pensez que... ?	*Do you think that... ?*
Tiens!	*Oh!*	Eh, regardez!	*Hey, look!*

2   **La famille et les copains** In this video, you will hear descriptions of people and find out about their relationships with others. In preparation, circle the statements that best describe you.

1. Je suis un garçon. / Je suis une fille.

2. J'ai 15 ans. / J'ai moins de (*less than*) 15 ans. / J'ai plus de (*more than*) 15 ans.

3. Je suis sportif/sportive. / J'ai un meilleur ami. / J'ai une meilleure amie.

4. J'ai un neveu. / J'ai une nièce. / Je n'ai pas de neveux ni (*nor*) de nièces.

5. J'ai un chat. / J'ai un chien. / J'ai un oiseau. / J'ai un poisson. / Je n'ai pas d'animaux.

6. J'ai un frère. / Je n'ai pas de frère. / J'ai une sœur. / Je n'ai pas de sœur.

3   **Les catégories** Check the appropriate column to classify these words as **une personne** or **un adjectif**.

	personne	adjectif		personne	adjectif
1. petit	_____	_____	**7. jeune**	_____	_____
2. fils	_____	_____	**8. célibataire**	_____	_____
3. marié	_____	_____	**9. ami**	_____	_____
4. copain	_____	_____	**10. gentil**	_____	_____
5. enfant	_____	_____	**11. fille**	_____	_____
6. garçon	_____	_____	**12. sportif**	_____	_____

En regardant la vidéo

4 **Indiquez** Indicate which of these people or animals are mentioned in the video.

☐ 1. père
☐ 2. mère
☐ 3. fille
☐ 4. fils
☐ 5. femme
☐ 6. mari
☐ 7. neveu
☐ 8. nièce

☐ 9. grand-père
☐ 10. homme
☐ 11. couple
☐ 12. chien
☐ 13. chat
☐ 14. oiseau
☐ 15. poisson

5 **Complétez** Complete these sentences according to what you see and hear in the video.

1. La petite, elle a _____ ou _____ ans, je crois.

2. Les garçons là-bas, ce sont des _____. Ils ont beaucoup d'énergie.

3. Et cette jeune femme, vous pensez qu'elle est _____ ou _____?

4. Un jeune couple. Que c'est _____!

5. Eh, regardez! Une femme avec son _____.

6. C'est mon _____.

Après la vidéo

6 **À vous!** How would you describe your family and friends? Think of three friends, family members, and/or pets, and complete the descriptions of each. Include a photo or a drawing.

1. ☐   2. ☐   3. ☐

1. Il/Elle s'appelle _____.

   C'est mon/ma _____.

   Il/Elle est _____ et _____.

2. Il/Elle s'appelle _____.

   C'est mon/ma _____.

   Il/Elle est _____ et _____.

3. Il/Elle s'appelle _____.

   C'est mon/ma _____.

   Il/Elle est _____ et _____.

STRUCTURES

3A.1 Descriptive adjectives

1 **Les accords** Kim is describing her sister, Nathalie, and her cousin, Chan. Complete the sentences with the correct forms of the adjectives.

1. Ma sœur est _____ (grand) et elle a les cheveux _____ (roux).

2. Mon cousin Chan a les cheveux _____ (brun) et _____ (court).

3. Nathalie est _____ (joli). Elle n'est pas _____ (laid).

4. Mon cousin est _____ (naïf). Il n'est pas _____ (vieux).

5. Ma sœur est _____ (fier). Son fils est _____ (beau).

6. Le _____ (nouveau) étudiant dans la classe de Chan est _____ (curieux).

7. Les étudiants de l'école de Chan sont _____ (brillant) et _____ (sérieux).

8. Moi, j'ai les yeux _____ (bleu). Je suis _____ (sociable).

2 **Complétez** Complete these descriptions. Remember to make any necessary agreements.

> **Modèle**
>
> ma / grand / sœur / être / de taille moyenne
> *Ma grande sœur est de taille moyenne.*

1. je / avoir / grand / famille _____

2. mon / nouveau / appartement / être / petit _____

3. grand / salle de classe / être / vieux _____

4. ma / jeune / voisine / être / français _____

5. joli / actrice / avoir / bon / rôle _____

6. gros / chat / avoir / yeux / vert _____

3 **Les contraires** Write an antonym for each adjective. Make the new adjectives agree in gender and number with the ones provided.

> **Modèle**
>
> petites ≠ *grandes*

1. grand ≠ _____ 5. jeune ≠ _____

2. courtes ≠ _____ 6. bruns ≠ _____

3. laids ≠ _____ 7. réservées ≠ _____

4. mauvaise ≠ _____ 8. malheureux ≠ _____

4 **Une lettre** Adam is writing his first letter to his pen-pal in Guadeloupe. Help him find the right adjectives to complete his letter. Don't forget to make the necessary agreements.

> **Modèle**
>
> Ma sœur est _____ (≠ petit) et _____ (intellectuel).
> Ma sœur est **grande** et **intellectuelle**.

Ma mère est de taille moyenne et (1) _____ (≠ laid). Elle a les cheveux

(2) _____ (= brun) et (3) _____ (raide). Elle a les yeux

(4) _____ (≠ noir). Mon père est (5) _____ (≠ petit). Il a les

cheveux (6) _____ (noir) et (7) _____ (court). Mes parents sont

(8) _____ (≠ malheureux). Nous habitons dans un (9) _____

(≠ nouveau) appartement à Paris. J'ai un (10) _____ (nouveau) petit chien. Il

s'appelle Médor. Il est (11) _____ (beau). Ma grand-mère habite avec nous. C'est

une (12) _____ (vieux) femme. Elle est (13) _____ (sympathique)

et (14) _____ (bon).

5 **Les mots croisés** Read these definitions and fill in the crossword puzzle. Use the Garneau-Laval family tree in your textbook as a reference.

Across:
3. L'examen de Virginie Garneau dure (*lasts*) cinq heures. Il est…
4. Marie et Juliette Laval n'ont pas les cheveux châtains. Elles sont…
6. C'est la couleur du tee-shirt d'Isabelle Garneau.
7. Avant (*Before*) un examen, Virginie Garneau est…
9. Matthieu Laval a deux ans. Il est…
11. Bambou pèse (*weighs*) 50 kilos. C'est un… chien.

Down:
1. Les cheveux de Sophie Garneau sont…
2. Mes cousins sont heureux. Ils ne sont pas…
4. La première bande (*stripe*) du drapeau (*flag*) français est…
5. Le livre de Jean Garneau a trente pages. Il est…
8. Luc Garneau, le grand-père, est…
10. Les cheveux d'Isabelle Garneau sont…

3A.1 Descriptive adjectives (audio activities)

1 **Féminin ou masculin?** Change each sentence from the masculine to the feminine or vice versa. Repeat the correct answer after the speaker. (6 *items*)

> **Modèle**
>
> L'oncle de Marie est français.
> La tante de Marie est française.

2 **Singulier ou pluriel?** Change each sentence from singular to plural and vice versa. Repeat the correct answer after the speaker. (6 *items*)

> **Modèle**
>
> L'élève est jeune.
> Les élèves sont jeunes.

3 **Mes camarades de classe** Describe your classmates using the cues. Repeat the correct answer after the speaker.

> **Modèle**
>
> *You hear:* Jeanne
> *You see:* petit
> *You say:* Jeanne est petite.

1. brun
2. roux
3. beau
4. sympathique

5. grand et gros
6. heureux et intelligent
7. bon et naïf
8. nouveau

4 **La famille Dumoulin** Look at the picture of the Dumoulin family. Listen to these statements and decide whether each statement is **vrai** or **faux**.

	Vrai	Faux
1.	○	○
2.	○	○
3.	○	○
4.	○	○
5.	○	○
6.	○	○
7.	○	○
8.	○	○

3A.2 Possessive adjectives

1 **Choisissez** Mariam is introducing you to her family. Choose the correct possessive adjectives.

> **Modèle**
> Je cherche (mon, ma, mes) frère, Thomas.

1. Je vous présente (mon, ma, mes) amie, Catherine.
2. Elle adore (ton, leurs, vos) frère!
3. Catherine et moi parlons en français avec (notre, nos, ton) parents.
4. Voici (ma, mon, leurs) oncle, Amadou.
5. Amadou aime (sa, son, leurs) chat.
6. Amadou et son épouse aiment (son, ses, leurs) enfants.
7. Maintenant, nous cherchons (ma, notre, nos) ami Charles.
8. Charlotte est (mon, ma, leurs) cousine.

2 **Qui est-ce?** Here are some bits of conversation overheard at Georges and Elsa's wedding. Complete each sentence with the appropriate possessive adjective.

1. _____ (*My*) grand-mère est française, mais _____ (*my*) grand-père est canadien.

2. _____ (*Their*) cousins habitent en France.

3. Comment s'appelle _____ (*your, formal*) époux?

4. _____ (*Your, informal*) parents sont jeunes.

5. _____ (*My*) amie adore _____ (*her*) frère.

6. _____ (*His*) oncle est espagnol.

7. _____ (*Our*) professeurs sont intéressants.

8. _____ (*My*) enfants sont jeunes. Ils adorent _____ (*their*) chat.

3 **Complétez** Complete these sentences with the form of the possessive adjective that agrees with the subject.

> **Modèle**
> Vous avez _____vos_____ livres de français?

1. J'aime _____ lycée et _____ camarades de classe.

2. Ma grand-mère adore _____ petits-enfants et _____ nièces.

3. Tu parles souvent à _____ cousins et à _____ nouvelle camarade de classe.

4. Nous aimons _____ cours et _____ professeur.

5. Ils cherchent _____ cahiers et _____ carte de restaurant universitaire.

6. Vous étudiez avec _____ ami pour _____ examens.

7. Annie a _____ sac à dos et _____ calculatrice.

8. Je ne trouve pas _____ montre. Je cherche aussi _____ feuilles de papier.

4 Décrivez Complete these descriptions of Hassan's family with the appropriate possessive adjectives.

> **Modèle**
>
> C'est le père d'Hassan. _____Son_____ père
> s'appelle Hamed.

1. Les frères d'Hassan s'appellent Hamid et Zinédine. _____ frères sont jeunes.

2. Ils parlent souvent avec des amis. _____ amis sont sympathiques.

3. Hassan a des parents brillants. Il adore _____ parents.

4. Hamid et Zinédine aiment la fac. _____ fac est grande.

5. Hassan est marié avec Sofiane. _____ femme est petite.

6. Zinédine et Hamid étudient l'économie. _____ études sont importantes.

7. Les voisins de sa sœur sont étrangers. _____ voisins sont vieux.

8. Je suis un(e) ami(e) d'Hassan. Hassan est _____ ami.

5 Répondez Answer these questions in complete sentences using possessive adjectives and the clues provided.

> **Modèle**
>
> Est-ce que vous aimez votre chien? (aimer beaucoup)
> *Oui, nous aimons beaucoup notre chien.*

1. Est-ce que tu aimes ton école? (adorer)

   _____

2. Stéphanie, comment est ton frère? (grand et brun)

   _____

3. Monsieur Lafarge, comment vont vos parents (*how are your parents doing*)? (très bien)

   _____

4. La belle-sœur de Marc est de quelle origine? (italienne)

   _____

5. À quelle heure est-ce que vos cousines arrivent? (à sept heures du soir)

   _____

6. Est-ce que tes parents aiment les chats? (aimer beaucoup)

   _____

7. Est-ce que les amis de Daniel sont timides? (sociables)

   _____

8. Comment est mon neveu? (poli et sympa)

   _____

3A.2 Possessive adjectives (audio activities)

1 **Identifiez** Listen to each statement and mark an **X** in the column for the correct translation of the possessive adjective you hear.

> **Modèle**
> *You hear:* C'est mon professeur de français.
> *You mark:* an **X** under *my*

	my	your (familiar)	your (formal)	his/her	our	their
Modèle	X					
1.						
2.						
3.						
4.						
5.						
6.						
7.						
8.						

2 **Choisissez** Listen to each question and choose the most logical answer.

1. a. Oui, ton appartement est grand.
   b. Non, mon appartement n'est pas grand.
2. a. Oui, nous habitons avec nos parents.
   b. Non, nous n'habitons pas avec vos parents.
3. a. Oui, c'est ton cousin.
   b. Oui, c'est son cousin.
4. a. Oui, leurs parents rentrent à 10 heures ce soir.
   b. Oui, nos parents rentrent à 10 heures ce soir.
5. a. Non, ma sœur n'étudie pas la chimie.
   b. Non, sa sœur n'étudie pas la chimie.
6. a. Oui, leur nièce est au Brésil.
   b. Oui, ma nièce est au Brésil.
7. a. Non, leurs amis ne sont pas ici.
   b. Non, nos amis ne sont pas ici.
8. a. Oui, leurs grands-parents sont italiens.
   b. Oui, nos grands-parents sont italiens.

3 **Questions** Answer each question you hear in the affirmative using the appropriate possessive adjective. Repeat the correct response after the speaker. (*6 items*)

> **Modèle**
> C'est ton ami?
> *Oui, c'est mon ami.*

Unité 3

CONTEXTES

Leçon 3B

1 **Chassez l'intrus** Circle the word or expression that does not belong with the others.

1. actif, paresseux, sportif, rapide
2. doux, gentil, modeste, cruel
3. pénible, antipathique, ennuyeux, gentil
4. triste, ennuyeux, méchant, génial
5. architecte, étranger, avocat, médecin
6. faible, athlète, fort, sportif
7. fou, généreux, jaloux, antipathique
8. prêt, fatigué, inquiet, triste

2 **Les professions** What professions might these people choose?

1. Benjamin adore l'art et la sculpture. Il va être _____.
2. Tatiana est très rapide et elle aime le sport. Elle va être _____.
3. Olivier aime écrire (to write) des articles et voyager. Il va être _____.
4. Barbara aime les mathématiques et la physique. Elle va être _____.
5. Julien étudie l'économie et la gestion. Il va être _____.
6. Chakir étudie le droit. Il va être _____.
7. Marie étudie la biologie. Elle va être _____.
8. Nathalie aime étudier les styles de maison. Elle va être _____.

3 **Les accords** Maxine is describing the people she met while an exchange student in Montreal. Complete the sentences with the correct forms of the adjectives.

1. Mélanie est avocate. Elle est toujours _____ (prêt) à travailler. Elle est très _____ (actif).
2. Son mari, Jeff, est ingénieur. Il est _____ (étranger); il est anglais. Son actrice française _____ (favori) est Catherine Deneuve.
3. Mes camarades de classe, Jean-Philippe et Sofiane, sont _____ (fou). C'est _____ (pénible).
4. La femme de Jean-Philippe est très _____ (jaloux). C'est _____ (triste).
5. Le serveur de mon restaurant préféré n'est pas _____ (paresseux). C'est un homme _____ (travailleur).
6. Les chiens du voisin sont _____ (méchant) et _____ (cruel).
7. Mon professeur de littérature est _____ (génial), mais ses examens sont _____ (pénible).
8. Ma coiffeuse est très _____ (gentil) et _____ (modeste).

4 **Complétez** Give a synonym or an antonym for these adjectives. The new adjectives should agree in gender and number with the ones provided.

> **Modèle**
>
> antipathique (*fem.*) = *cruelle*

1. forte ≠ _____
2. méchant = _____
3. paresseuse ≠ _____
4. rapides (*masc.*) ≠ _____
5. modeste (*fem.*) = _____
6. ennuyeux (*sing.*) ≠ _____

5 **Comment sont-ils?** Describe each profession using the correct form of each adjective. Write complete sentences.

> **Modèle**
>
> (pénible, cruel)
> L'ingénieur: **L'ingénieur est pénible et cruel.**

(généreux, modeste)

1. Le dentiste et le médecin: _____
2. L'avocate: _____

(étranger, sympathique)

3. L'artiste (*fem.*): _____
4. L'architecte (*masc.*): _____

(ennuyeux, antipathique)

5. La journaliste et l'homme d'affaires: _____
6. L'avocat: _____

6 **Les descriptions** Complete these descriptions with the word or expression from **CONTEXTES** that is illustrated. Don't forget to make the necessary agreements.

1. Ma sœur est très (a) _____. Elle est (b) _____.

Son mari est (c) _____. Il est (d) _____

pour sa femme. 2. Je ne suis pas (e) _____ mais mon (f) _____

_____ est (g) _____ et (h) _____.

CONTEXTES: AUDIO ACTIVITIES

1 **Logique ou illogique?** Listen to these statements and indicate whether they are **logique** or **illogique**.

	Logique	Illogique			Logique	Illogique
1.	○	○		5.	○	○
2.	○	○		6.	○	○
3.	○	○		7.	○	○
4.	○	○		8.	○	○

2 **Associez** Circle the words that are logically associated with each word you hear.

1. actif   sportif   faible
2. drôle   pénible   antipathique
3. cruel   mauvais   gentil
4. modeste   intelligent   prêt
5. favori   lent   homme d'affaires
6. architecte   fou   ennuyeux

3 **Professions** Listen to each statement and write the number of the statement below the photo it describes. There are more statements than there are photos.

a. _____   b. _____   c. _____

d. _____   e. _____

LES SONS ET LES LETTRES

L'accent circonflexe, la cédille, and le tréma

L'accent circonflexe (ˆ) can appear over any vowel.

pâté   prêt   aîné   drôle   croûton

L'accent circonflexe is also used to distinguish between words with similar spellings but different meanings.

mûr	**mur**	**sûr**	**sur**
ripe	*wall*	*sure*	*on*

L'accent circonflexe indicates that a letter, frequently an *s*, has been dropped from an older spelling. For this reason, l'accent circonflexe can be used to identify French cognates of English words.

hospital → hôpital   forest → forêt

La cédille (¸) is only used with the letter c. A c with a **cédille** is pronounced with a soft c sound, like the *s* in the English word *yes*. Use a **cédille** to retain the soft c sound before an **a**, **o**, or **u**. Before an **e** or an **i**, the letter c is always soft, so a **cédille** is not necessary.

garçon   français   ça   leçon

Le **tréma** (¨) is used to indicate that two vowel sounds are pronounced separately. It is always placed over the second vowel.

égoïste   naïve   Noël   Haïti

1   Prononcez Practice saying these words aloud.

1. naïf	3. châtain	5. français	7. théâtre	9. égoïste
2. reçu	4. âge	6. fenêtre	8. garçon	10. château

2   Articulez Practice saying these sentences aloud.

1. Comment ça va?
2. Comme ci, comme ça.
3. Vous êtes française, Madame?
4. C'est un garçon cruel et égoïste.
5. J'ai besoin d'être reçu(e) à l'examen.
6. Caroline, ma sœur aînée, est très drôle.

3   Dictons Practice reading these sayings aloud.

1. Impossible n'est pas français.
2. Plus ça change, plus c'est la même chose.

4   Dictée You will hear six sentences. Each will be read twice. Listen carefully and write what you hear.

1. _____
2. _____
3. _____
4. _____
5. _____
6. _____

Roman-photo

ON TRAVAILLE CHEZ MOI!

Avant de regarder

1 **La famille de Rachid** Look at this photo and use your imagination to write a brief description of Rachid's family. Who are the people? What do they look like? What are their personalities like? What are their professions?

_____

_____

_____

_____

En regardant la vidéo

2 **Qui...?** As you watch this episode, indicate which person says each statement. Write **A** for Amina, **R** for Rachid, **D** for David, **S** for Sandrine, and **St** for Stéphane.

_____ 1. Il n'est pas dans ton sac à dos?

_____ 2. Mais non! La table à côté de la porte.

_____ 3. Numéro de téléphone 06.62.70.94.87. Mais qui est-ce?

_____ 4. Tu n'es pas drôle!

_____ 5. On travaille chez moi!

_____ 6. Sandrine est tellement pénible.

_____ 7. J'ai besoin d'un bon café.

_____ 8. Allez, si *x* égale 83 et *y* égale 90, la réponse c'est...

3 **Les professions** Match the profession in the right column to the person in the left column. There are more professions than you will need.

_____ 1. Stéphane   a. coiffeur

_____ 2. Valérie   b. propriétaire

_____ 3. le père de Rachid   c. avocate

_____ 4. la mère de Rachid   d. journaliste

                                                   e. architecte

                                                   f. médecin

4 **Ce n'est pas vrai!** Place check marks beside the actions that do *not* occur in each scene.

Au café...

❑ 1. Rachid aide Sandrine à trouver son téléphone.

❑ 2. Stéphane va (*goes*) étudier chez Rachid.

❑ 3. Sandrine parle avec Pascal.

❑ 4. Sandrine demande où est David.

❑ 5. Un téléphone sonne (*rings*).

Chez David et Rachid...

❑ 6. David demande où est Sandrine.

❑ 7. David dit (*says*) qu'il a envie de manger quelque chose.

❑ 8. David va au café.

❑ 9. Rachid parle avec sa famille.

❑ 10. Stéphane donne la bonne réponse.

Après la vidéo

5 **Choisissez** Select the option that best completes each statement.

1. Sandrine ne trouve pas _____.
   a. sa montre   b. son téléphone   c. son sac à dos
2. Stéphane pense que Sandrine est _____.
   a. pénible   b. belle   c. naïve
3. David a envie d'aller (*to go*) au café parce que _____ y (*there*) est.
   a. Amina   b. Valérie   c. Sandrine
4. Rachid pense que _____ est pénible.
   a. Stéphane   b. David   c. Valérie
5. Les _____ de Rachid habitent en Algérie.
   a. parents   b. sœurs   c. grands-parents
6. Ses _____ habitent à Marseille.
   a. cousins   b. parents   c. deux frères
7. Le père de Rachid est _____.
   a. travailleur   b. occupé   c. nerveux
8. La mère de Rachid est _____.
   a. vieille   b. agréable   c. active

6 **Répondez** Answer these questions in complete sentences.

1. Quand Sandrine cherche son téléphone, où est-il?

   _____

2. Qui appelle (*is calling*) Sandrine au téléphone?

   _____

3. Pourquoi est-ce que Stéphane pense que Sandrine est pénible?

   _____

4. Comment est la famille de Rachid?

   _____

5. Pourquoi est-ce que Stéphane et Rachid préparent le bac?

   _____

7 **À vous!** In your own words, write a list of the principal actions that occur in this episode in chronological order. Include as many details as you can. Your list should include at least six actions.

_____

_____

_____

_____

_____

_____

Nom _____   Date _____

3B.1 Numbers 61–100

1 **Complétez** You are babysitting a little girl from the French-American school. She needs help with her math. Help her by filling in the blanks with the missing numbers. Spell out the numbers.

> **Modèle**
>
> Cent moins (*minus*) trente-deux font (*makes*) **soixante-huit.**

1. Quatre-vingt-dix-neuf moins _____ font vingt-cinq.
2. Trente-trois plus quarante-cinq font _____.
3. Cinquante-sept plus quarante et un font _____.
4. Quatre-vingt-neuf moins _____ font vingt-huit.
5. Soixante-seize plus vingt-quatre font _____.
6. Quatorze plus _____ font quatre-vingt-dix-neuf.
7. Vingt-six plus cinquante-sept font _____.
8. Trente-deux plus soixante font _____.

2 **Quel est le prix?** Write out the prices of these items.

> **Modèle**
>
> des feuilles de papier   *douze euros soixante-cinq*

1. un cahier _____
2. une chaise _____
3. des crayons _____
4. un sac à dos _____
5. une horloge _____
6. des stylos _____

3 **Les itinéraires** You are looking at a map and considering several day trips you want to take. Write complete sentences to tell how far each city is from Paris.

> **Modèle**
>
> Gisors (74 km)   *Gisors est à soixante-quatorze kilomètres de Paris.*

1. Provins (91 km): _____
2. Fontainebleau (66 km): _____
3. Beauvais (78 km): _____
4. Évreux (96 km): _____
5. Épieds (84 km): _____
6. Pithiviers (94 km): _____
7. Chartres (88 km): _____
8. Soissons (100 km): _____

4 | **Les coordonnées** Write sentences to tell where these people live. Follow the model and spell out the numbers.

> **Modèle**
>
> (Jean) 75, rue Victor Hugo
> *Jean habite au soixante-quinze, rue Victor Hugo.*

1. (Malika) 97, rue Bois des cars

   _____

2. (Amadou) 66, avenue du Général Leclerc

   _____

3. (Martine) 73, rue Vaugelas

   _____

4. (Jérôme) 81, rue Lamartine

   _____

5. (Guillaume) 100, rue Rivoli

   _____

6. (Nordine) 91, rue Molière

   _____

7. (Géraldine) 67, avenue Voltaire

   _____

8. (Paul) 78, rue de l'Espérance

   _____

5 | **Les mots croisés** Complete this crossword puzzle. Run the words together without hyphens or spaces.

Across:
4. 50 + 41
6. 61 + 21
7. 49 + 14
8. 67 + 22
9. 37 + 39

Down:
1. 52 + 36
2. 19 + 51
3. 61 + 38
5. 60 + 40
6. 50 + 40

3B.1 Numbers 61–100 (audio activities)

1 **Numéros de téléphone** You are at a party and you meet some new people. You want to see them again but you don't have their telephone numbers. Ask them what their phone numbers are and write their answers.

> **Modèle**
>
> *You see:* Julie
> *You say:* Quel est ton numéro de téléphone, Julie?
> *You hear:* C'est le zéro un, vingt-trois, trente-huit,
> quarante-trois, cinquante-deux.
> *You write:* 01.23.38.43.52

1. Chloé _____
2. Justin _____
3. Ibrahim _____
4. Cassandre _____

5. Lolita _____
6. Yannis _____
7. Omar _____
8. Sara _____

2 **Inventaire** You and your co-worker are taking an inventory at the university bookstore. Answer your co-worker's questions using the cue. Repeat the correct response after the speaker.

> **Modèle**
>
> *You hear:* Il y a combien de livres de français?
> *You see:* 61
> *You say:* Il y a soixante et un livres de français.

1. 71   3. 87   5. 62   7. 83
2. 92   4. 94   6. 96   8. 66

3 **Message** Listen to this telephone conversation and complete the phone message with the correct information.

MESSAGE TÉLÉPHONIQUE

Pour: _____

De: _____

Téléphone: _____

Message: _____

_____

3B.2 Prepositions of location

1 Complétez Henri is helping customers in the bookstore where he works. Complete each sentence with the appropriate preposition of location.

1. Les sacs à dos sont _____ (*next to*) des stylos.

2. Les cahiers sont _____ (*behind*) les livres.

3. Les cartes sont _____ (*to the right of*) l'ordinateur.

4. La bibliothèque est _____ (*close to*) de la maison.

5. La librairie est _____ (*across from*) du lycée.

6. Les calculatrices sont _____ (*on*) la table.

7. Les feuilles de papier sont _____ (*in*) le bureau.

8. Les sacs à dos sont _____ (*under*) la fenêtre.

2 C'est où? Choose the prepositions that logically complete this letter from a student in Dakar, Senegal.

chez	en	juste à côté	près
dans	entre	loin de	sur

(1) _____ moi, c'est tout petit. Nous habitons (2) _____ un appartement

(3) _____ du Café de la Place. Nous sommes heureux ici. Ma grande sœur, Adama, habite

(4) _____; nous nous voyons (*we see each other*) tous les jours. (5) _____ Adama

et moi, il y a dix ans de différence. La vie (6) _____ Afrique est formidable! J'adore la fac de

Dakar. Elle est (7) _____ la côte (*coast*) atlantique.

3 Choisissez Barbara has sent some pictures to her cousin, Régine. She has written a short description on the back of each one. Complete each description by choosing the most logical preposition.

1. Mon chien est _____ (sur, sous, devant, à côté) la maison.

2. Mon dictionnaire est _____ (dans, entre, en, par) le bureau.

3. Mon ordinateur est _____ (loin, sur, par, en) le bureau.

4. La corbeille à papier est _____ (devant, entre, à côté, près de) du bureau.

5. La bibliothèque est _____ (par, en, sur, près de) l'université.

6. Le lycée est _____ (loin de, près, entre, en face) l'université.

7. La télévision est _____ (à côté, entre, loin, près) la fenêtre et le bureau.

8. Le stylo est _____ (en face, à côté, dans, en) mon sac à dos.

4   **Le plan** Write the name of each place on the map below, according to the clues provided. Each clue is from the reader's point of view. The first item has been done for you.

le café

1. Le café est dans la librairie.
2. Le lycée est derrière la librairie.
3. La bibliothèque est à droite du lycée.
4. L'université est en face de la bibliothèque.
5. Chez moi, c'est en face du café, à gauche de l'université.

6. J'habite entre l'université et le restaurant «Chez Léon».
7. Le restaurant universitaire est loin de l'université, mais près du lycée.
8. Le dentiste est près du restaurant «Chez Léon».

5   **Les prépositions** Give a synonym or an antonym of these prepositions of location.

1. sur ≠ _____

2. devant ≠ _____

3. à droite de ≠ _____

4. près de ≠ _____

5. en = _____

6. juste à côté = _____

6   **Où est le livre?** Look at these images and tell where the book is located in relation to the desk.

1.   2.   3.   4.

5.   6.   7.   8.

Le livre est...

1. _____.

2. _____.

3. _____.

4. _____.

5. _____.

6. _____.

7. _____.

8. _____.

3B.2 Prepositions of location (audio activities)

1 **Décrivez** Look at the drawing and listen to each statement. Indicate whether each statement is vrai or faux.

	Vrai	Faux
1.	○	○
2.	○	○
3.	○	○
4.	○	○
5.	○	○
6.	○	○
7.	○	○
8.	○	○

2 **Où est...?** Using the drawing from **Activité 1** and the cues, say where these items are located. Repeat the correct response after the speaker.

Modèle

You see: entre
You hear: le cahier
You say: Le cahier est entre les crayons et les livres.

1. à côté de   3. en face de   5. devant   7. derrière
2. à droite de   4. près de   6. sur   8. à gauche de

3 **Complétez** Listen to the conversation and correct these statements.

1. Francine habite chez ses parents.

   _____

2. La résidence est près des salles de classe.

   _____

3. Le gymnase est loin de la résidence.

   _____

4. La bibliothèque est derrière le café.

   _____

5. Le cinéma est en face du café.

   _____

6. Le resto U est derrière la bibliothèque.

   _____

Unité 3

PANORAMA

Savoir-faire

1 **Vrai ou faux?** Indicate whether these statements are **vrai** or **faux**. Correct the false statements.

1. On peut visiter Paris très facilement à pied.

   _____

2. Paris est divisée en vingt arrondissements.

   _____

3. Il y a cent cinq musées à Paris.

   _____

4. Charles Baudelaire est un célèbre chanteur français.

   _____

5. Les catacombes sont sous les rues de Paris.

   _____

6. La tour Eiffel a été construite en 1889 pour l'Exposition universelle.

   _____

7. Paris-Plages consiste en trois kilomètres de sable et d'herbe installés sous la tour Eiffel.

   _____

8. L'architecte américain I. M. Pei a créé le musée du Louvre.

   _____

9. Des entrées du métro sont construites dans le style rococo.

   _____

10. Le métro est un système de transport très efficace.

    _____

2 **Qu'est-ce que c'est?** Label each image shown below.

1. _____   3. _____   5. _____

2. _____   4. _____   6. _____

```text
Nom _____    Date _____
```

3 **Complétez** Complete these sentences with the correct information from **Panorama** about Paris.

Paris est la (1) _____ de la France. Sa population est de plus de

(2) _____ d'habitants. Paris est divisée en vingt (3) _____.

Le Louvre, un des plus grands musées du monde, est un ancien palais royal. L'œuvre la plus célèbre de

sa collection est (4) _____.

Avec plus de sept millions de visiteurs par an, (5) _____ est un autre monument

célèbre. Elle attire le plus grand nombre de visiteurs en France.

(6) _____ les rues de Paris, dans (7) _____, il y a environ

(8) _____ de squelettes provenant d' (9) _____ de Paris et de ses environs.

Pour visiter Paris, le métro est un système de transport efficace. Les premières entrées du métro de style

Art Nouveau datent de (10) _____. Elles sont l'œuvre de l'architecte Hector Guimard.

4 **Déchiffrez** Use what you've learned in **Panorama** about Paris to decipher the code and fill in the
missing letters. Then, use the code to discover three of France's main industries.

A	B	C	D	E	F	G	H	I	J	K	L	M	N	O	P	Q	R	S	T	U	V	W	X	Y	Z
					10									1											

1. C'est le nom d'un écrivain et activiste célèbre.

   $\overline{15}\ \overline{8}\ \overline{24}\ \overline{13}\ \overline{1}\ \overline{12}\quad\overline{25}\ \overline{23}\ \overline{20}\ \overline{1}$

2. Chaque arrondissement en a un (*has one*).

   $\overline{23}\ \overline{11}\quad\overline{17}\ \overline{14}\ \overline{8}\ \overline{12}\ \overline{7}$

3. C'est le nom d'un fameux sculpteur.

   $\overline{12}\ \overline{1}\ \overline{3}\ \overline{8}\ \overline{11}$

4. Dans les catacombes, il y a…

   $\overline{3}\ \overline{7}\ \overline{2}\quad\overline{2}\ \overline{26}\ \overline{23}\ \overline{7}\ \overline{16}\ \overline{7}\ \overline{13}\ \overline{13}\ \overline{7}\ \overline{2}$

5. La tour Eiffel a été construite (*was built*) pour cette (*this*) occasion.

   $\overline{16}\ \overline{7}\ \overline{22}\ \overline{5}\ \overline{1}\ \overline{2}\ \overline{8}\ \overline{13}\ \overline{8}\ \overline{1}\ \overline{11}\quad\overline{23}\ \overline{11}\ \overline{8}\ \overline{15}\ \overline{7}\ \overline{12}\ \overline{2}\ \overline{7}\ \overline{16}\ \overline{16}\ \overline{7}$

6. C'est le nom du style de certaines (*some*) entrées du métro.

   $\overline{14}\ \overline{12}\ \overline{13}\quad\overline{11}\ \overline{1}\ \overline{23}\ \overline{15}\ \overline{7}\ \overline{14}\ \overline{23}$

7. Voici trois des industries principales de la France:

   $\overline{16}\ \overline{7}\ \overline{2}\quad\overline{10}\ \overline{8}\ \overline{11}\ \overline{14}\ \overline{11}\ \overline{24}\ \overline{7}\ \overline{2}$

   $\overline{16}\ \overline{14}\quad\overline{13}\ \overline{7}\ \overline{24}\ \overline{25}\ \overline{11}\ \overline{1}\ \overline{16}\ \overline{1}\ \overline{20}\ \overline{8}\ \overline{7}$

   $\overline{16}\ \overline{7}\quad\overline{13}\ \overline{1}\ \overline{23}\ \overline{12}\ \overline{8}\ \overline{2}\ \overline{17}\ \overline{7}$

Unité 4

CONTEXTES

1 Cherchez In the grid, circle the words or phrases listed, looking backward, forward, vertically, horizontally, and diagonally. One of them has been done for you.

bavarder
bureau
centre-ville
déjeuner
endroit
épicerie
fréquenter
grand magasin
gymnase
inviter
piscine
terrasse de café

```
F R É Q U E N T E R E Y O É N
E T M C B U D I J N T K T P I
S S N K B A S W I A U F I I S
L M A J J N V C Q V A E O C A
F Y K N N M S A E X L H R E G
P D D C M I I D R L J P D R A
Q P L Q P Y É S I D N K N I M
Y B N D H J G V E G E S E E D
É F A C E D E S S A R R E T D
C D H U M R E T I V N I V J A
K D N I T O V X C H W P A Z R
W E P N D B U R E A U K K W G
R Z E E K C U P U D G T D U G
V C U S H P Z P O M O P U J N
D B C F V X Y N P O I E Y Z M
```

2 Associez Match the activities in the left column with the locations in the right column. Then write a complete sentence for each one to describe Marie's habits and preferences.

Modèle
travailler / un bureau   *Elle travaille dans un bureau.*

____ 1. danser _____   a. un cinéma

____ 2. marcher (*to walk*) _____   b. une maison

____ 3. manger un couscous _____   c. une piscine

____ 4. regarder un film français _____   d. une boîte de nuit

____ 5. nager _____   e. un parc

____ 6. habiter _____   f. un restaurant

____ 7. acheter des fruits _____   g. un kiosque

____ 8. trouver un magazine de mode _____   h. une épicerie

3 Chassez l'intrus Circle the word or expression that does not belong.

1. une épicerie, un marché, un magasin, un musée
2. un parc, une piscine, un cinéma, un gymnase
3. un bureau, un magasin, un centre commercial, un grand magasin
4. un restaurant, un café, une église, une épicerie
5. un marché, une épicerie, un cinéma, un restaurant
6. une ville, une banlieue, un centre-ville, une montagne

4 **L'après-midi** Marc is thinking about the errands he needs to run this afternoon. Look at the vocabulary on pages 110–111 of your textbook and complete each sentence with the most logical word or expression.

1. Il y a _____ sur la place. C'est parfait, j'ai besoin d'un magazine.

2. Après, j'ai besoin d'aller à l' _____ à côté du café, sur la place.

3. Je me demande (*wonder*) quels films il y a au _____ en ce moment.

4. La _____ de Fatima est à côté. Pourquoi ne pas _____ elle?

5. J' _____ Fatima au restaurant.

6. Avant, j'ai besoin de passer au _____ pour trouver quels sports sont proposés (*offered*).

7. J'aime bien _____, mais est-ce qu'il y a une grande piscine?

8. Ma voisine est sur la place. Pourquoi ne pas _____ un petit peu avec elle?

5 **Complétez** To find out more about a typical day for a student in Angers, complete these sentences with the word illustrated. Be sure to make all the necessary agreements.

Le matin, je vais au (1) _____ pour faire (*do*) du sport, ou à la

(2) _____ pour nager pendant (*for*) une heure. Après, je rentre à la

(3) _____ . J'étudie l'économie et le droit pendant quatre

heures. À midi, j'aime bien manger au (4) _____ sur la place,

mais je n'aime pas (5) _____ . L'après-midi, je travaille au

(6) _____ David d'Angers. Le week-end, j'aime aller au (7) _____

ou bien (8) _____ en boîte avec des amis.

CONTEXTES: AUDIO ACTIVITIES

1 **Choisissez** Listen to each question and choose the most logical answer.

1. a. Non, je ne nage pas.
   b. Oui, elle mange à la piscine.

2. a. Oui, j'ai très faim.
   b. Non, il mange au restaurant.

3. a. Non, elle est au bureau.
   b. Oui, elle adore aller au centre commercial.

4. a. Non, il est absent.
   b. Non, ils sont absents.

5. a. Oui, ils ont une maison en banlieue.
   b. Non, ils sont au musée.

6. a. Oui, elle va à la montagne.
   b. Oui, elle danse beaucoup.

7. a. Oui, on va passer.
   b. Non, nous ne sommes pas chez nous ici.

8. a. Non, je n'aime pas aller en ville.
   b. Non, ils sont trop jeunes.

2 **Les lieux** You will hear six people describe what they are doing. Choose the place that corresponds to the activity.

1. _____   a. au café
2. _____   b. au musée
3. _____   c. au centre commercial
4. _____   d. à la bibliothèque
5. _____   e. au gymnase
6. _____   f. au restaurant

3 **Décrivez** You will hear two statements for each drawing. Choose the one that corresponds to the drawing.

1. a.   b.   2. a.   b.   3. a.   b.   4. a.   b.

LES SONS ET LES LETTRES

Oral vowels

French has two basic kinds of vowel sounds: oral vowels, the subject of this discussion, and nasal vowels, presented in **Leçon 4B**. Oral vowels are produced by releasing air through the mouth. The pronunciation of French vowels is consistent and predictable.

In short words (usually two-letter words), e is pronounced similarly to the *a* in the English word *about*.

     le   **que**   **ce**   **de**

The letter **a** alone is pronounced like the a in *father*.

     la   **ça**   **ma**   **ta**

The letter **i** by itself and the letter **y** are pronounced like the vowel sound in the word *bee*.

     ici   **livre**   **stylo**   **lycée**

The letter combination **ou** sounds like the vowel sound in the English word *who*.

     vous   **nous**   **ou**blier   éc**ou**ter

The French **u** sound does not exist in English. To produce this sound, say *ee* with your lips rounded.

     tu   **du**   **une**   ét**u**dier

1   **Prononcez** Répétez les mots suivants à voix haute.

1. je
2. chat
3. fou
4. ville
5. utile
6. place
7. jour
8. triste
9. mari
10. active
11. Sylvie
12. rapide
13. gymnase
14. antipathique
15. calculatrice
16. piscine

2   **Articulez** Répétez les phrases suivantes à voix haute.

1. Salut, Luc. Ça va?
2. La philosophie est difficile.
3. Brigitte est une actrice fantastique.
4. Suzanne va à son cours de physique.
5. Tu trouves le cours de maths facile?
6. Viviane a une bourse universitaire.

3   **Dictons** Répétez les dictons à voix haute.

1. Qui va à la chasse perd sa place.
2. Plus on est de fous, plus on rit.

4   **Dictée** You will hear eight sentences. Each will be read twice. Listen carefully and write what you hear.

1. _____
2. _____
3. _____
4. _____
5. _____
6. _____
7. _____
8. _____

Nom _____ Date _____

Roman-photo

Avant de regarder

1   **Examinez le titre**   Look at the title of the video module. Based on the title and the video still below, what do you think Sandrine, Amina, and David are saying? Use your imagination.

_____
_____
_____
_____
_____

En regardant la vidéo

2   **Qui...?**   Indicate which character says each of these lines. Write **D** for David, **A** for Amina, **S** for Sandrine, or **P** for Pascal.

_____ 1. Et quand est-ce que tu vas rentrer?

_____ 2. Je vais passer chez Amina pour bavarder avec elle.

_____ 3. Bon, moi, je vais continuer à penser à toi jour et nuit.

_____ 4. Elle est là, elle est là!

_____ 5. C'est une de mes actrices préférées!

_____ 6. Mais elle est où, cette épicerie?

_____ 7. Il n'y a pas d'église en face du parc!

_____ 8. Oh, elle est belle!

_____ 9. Elle est vieille?!

_____ 10. Tu es complètement fou!

3   **Qu'est-ce qu'elle va faire?**   Watch the telephone conversation between Pascal and Sandrine. Then place check marks beside the activities Sandrine mentions.

❑ 1. étudier
❑ 2. déjeuner
❑ 3. passer chez Amina
❑ 4. aller au cinéma
❑ 5. penser à Pascal jour et nuit
❑ 6. bavarder avec Amina
❑ 7. aller danser
❑ 8. dépenser de l'argent

   Unité 4 Roman-photo Activities   **89**

4   **Complétez**   Complete these sentences with the missing words you hear in this video segment.

1. Mais, _____ est là?

2. _____?!? Qui?!? Où?!?

3. Mais elle est _____, cette épicerie?

4. Elle est à l'épicerie _____ l'église, _____ du parc.

5. Et _____ d'églises est-ce qu'il y a à Aix?

6. Bon, ben, l'église _____ la place.

7. Elle est ici au _____ ou en _____?

8. _____ est-ce qu'elle ne fréquente pas le P'tit Bistrot?

Après la vidéo

5   **Une vraie star!**   For items 1–7, fill in the missing letters in each word. Unscramble the letters in the boxes to find the answer to item 8.

1. Pascal adore b __ __ __ ☐ __ __ __ au téléphone.

2. Sandrine va déjeuner au c __ __ ☐ __ __-__ __ __ __.

3. Pascal est le p __ __ __ __ ☐ __ __ de Sandrine.

4. David pense que Juliette Binoche est à une é __ __ ☐ __ __ __ __ à Aix-en-Provence.

5. Il n'y a pas d'é __ __ ☐ __ __ en face du parc.

6. Amina pense que Juliette Binoche est c __ __ ☐.

7. Sandrine pense que Juliette Binoche est j __ __ __ ☐.

8. Juliette Binoche est _____.

6   **Mettez-les dans l'ordre!**   Number these events in the order in which they occur.

_____ a. David pense qu'il voit (*sees*) Juliette Binoche.

_____ b. Amina, Sandrine et David découvrent (*discover*) que la femme à l'épicerie n'est pas Juliette Binoche.

_____ c. Amina, Sandrine et David trouvent l'épicerie.

_____ d. Sandrine et Pascal parlent au téléphone.

_____ e. Amina, Sandrine et David cherchent Juliette Binoche.

7   **À vous!**   Complete the chart with activities you plan to do this week. Then indicate when and where you will do each activity.

Activité	Quand?	Où?

STRUCTURES

4A.1 The verb aller

1   **Conjuguez**   Complete this conversation with the correct forms of the verb **aller**.

FATIMA   Qu'est-ce que tu (1) _____ faire dimanche?

ÉRIC   Je (2) _____ étudier à la bibliothèque. Il (3) _____ y (*there*) avoir un examen demain.

FABIEN ET THUY   Nous (4) _____ explorer le parc national de la Vanoise.

FATIMA   Vous (5) _____ quitter la maison à quelle heure?

FABIEN   Je (6) _____ passer chez Thuy à 7h00. Pourquoi?

FATIMA   J'aime la montagne, et mon frère aussi. Je (7) _____ parler avec lui. Peut-être que nous pouchons (*can*) y (8) _____ avec vous.

THUY   Bonne idée!

2   **Choisissez**   New students are attending orientation this week. Complete their agenda by writing the correct prepositions.

1. Vous allez rencontrer vos professeurs _____ (sur, au, en, à la) bibliothèque du lycée.

2. Votre professeur va vous demander d'aller _____ (à la, au, en, à) ville.

3. Vous allez déjeuner _____ (à la, au, sur) restaurant avec d'autres élèves.

4. Le soir, vous pouvez (*can*) aller _____ (au, à la, en) cinéma ou _____ (à la, à l', au) piscine.

5. Lundi, vous allez _____ (au, en, à la) kiosque.

3   **Où vont-ils?**   Indicate where the students are going and an activity they might do there, using the illustrations as a guide.

> **Modèle**
> Serge et Martin
> *Ils vont à la librairie. Ils vont chercher des livres.*

1. Nous _____

2. Véronique _____

3. Hélène et Marc _____

4. Annie et Sarah _____

4 **Complétez** Complete this letter from your Senegalese pen-pal, Kaba, with **à**, **en**, **dans**, or **sur**. Include articles or form contractions as needed.

Je pense étudier (1) _____ l'Université du Sénégal, (2) _____ Dakar. L'université

est (3) _____ centre-ville. Je pense aussi habiter (4) _____ la maison de ma sœur.

Dakar, c'est loin (*far away*) de mon village. C'est une grande ville. J'aime étudier (5) _____

la bibliothèque pour préparer mes examens.

J'aime bien passer (6) _____ musée de Dakar. Il est intéressant. Le samedi matin, je vais

(7) _____ la piscine municipale et après, je déjeune (8) _____ la terrasse d'un

restaurant avec des amis. Je préfère le restaurant (9) _____ la place Kermel.

5 **L'emploi du temps** Here is your schedule (**emploi du temps**) for next week. Write complete sentences to tell what you are going to do.

	lundi	mardi	mercredi	jeudi	vendredi	samedi	dimanche
matin		chercher des oranges/marché		parler/prof de français	rencontrer Théo/café	aller/ centre-ville	
après - midi	étudier/ bibliothèque		aller/cinéma			téléphoner/ mes parents	commencer/ étudier

Modèle

Lundi, je vais nager à la piscine.

1. Lundi, _____.

2. Mardi, _____.

3. Mercredi, _____.

4. Jeudi, _____.

5. Vendredi, _____.

6. Samedi, _____.

7. Samedi, _____.

8. Dimanche, _____.

4A.1 The verb **aller** (audio activities)

1 **Identifiez** Listen to each statement and mark an **X** in the column of the subject of the verb you hear.

> **Modèle**
>
> *You hear:* Il ne va pas au cours de mathématiques
>   aujourd'hui.
> *You mark:* an **X** under **il**

	je	tu	il/elle/on	nous	vous	ils/elles
Modèle	_____	_____	X	_____	_____	_____
1.	_____	_____	_____	_____	_____	_____
2.	_____	_____	_____	_____	_____	_____
3.	_____	_____	_____	_____	_____	_____
4.	_____	_____	_____	_____	_____	_____
5.	_____	_____	_____	_____	_____	_____
6.	_____	_____	_____	_____	_____	_____
7.	_____	_____	_____	_____	_____	_____
8.	_____	_____	_____	_____	_____	_____

2 **Où vont-ils?** Describe where these people are going using the cue. Repeat the correct answer after the speaker.

> **Modèle**
>
> *You hear:* Samuel
> *You see:* marché
> *You say:* Samuel va au marché.

1. épicerie   3. magasin   5. hôpital   7. montagne
2. parc   4. église   6. café   8. centre-ville

3 **Transformez** Change each sentence from the present to the immediate future. Repeat the correct answer after the speaker. (*6 items*)

> **Modèle**
>
> Régine bavarde avec sa voisine.
> *Régine va bavarder avec sa voisine.*

4 **Présent ou futur?** Listen to each statement and indicate if the sentence is in the present or the immediate future.

	Présent	Futur proche			Présent	Futur proche
1.	O	O		5.	O	O
2.	O	O		6.	O	O
3.	O	O		7.	O	O
4.	O	O		8.	O	O

4A.2 Interrogative words

1 **Déchiffrez** Pascal just received an e-mail from a classmate in his French class. Unfortunately, his classmate is not very good at French, and the questions are all jumbled. Rewrite each question correctly.

1. vous / appelez / est-ce que / vous / comment / ?

   _____

2. est-ce que / où / habitez / vous / ?

   _____

3. ? / favori / votre / est / cours / quel

   _____

4. commencent / ? / à / est-ce que / quelle heure / les cours

   _____

5. votre restaurant / préféré / ? / chinois / quel / est

   _____

6. est-ce que / allez / marché / ? / vous / quand / au

   _____

7. vous / au / ? / le mardi soir / est-ce que / allez / pourquoi / gymnase

   _____

2 **L'entrevue** Fill in the correct interrogative words or expressions to complete this interview with Hassan, a student at a French university.

Combien	Où	Quels	Qui
Comment	Pourquoi	Qu'est-ce que	Quoi

JÉRÔME (1) _____ vous appelez-vous?

HASSAN Je m'appelle Hassan.

JÉRÔME (2) _____ habitez-vous?

HASSAN J'habite en ville.

JÉRÔME (3) _____ vous étudiez?

HASSAN J'étudie l'économie.

JÉRÔME (4) _____ étudiez-vous l'économie?

HASSAN Parce que je veux (*want*) être homme d'affaires.

JÉRÔME (5) _____ cours aimez-vous?

HASSAN J'aime le cours de français.

JÉRÔME (6) _____ d'étudiants y a-t-il dans la classe?

HASSAN Il y a seize étudiants dans la classe.

3 Choisissez Complete each question with the correct form of **quel**.

1. _____ musée fréquentez-vous?

2. À _____ heure les cours commencent-ils?

3. _____ est le nom de la bibliothèque?

4. _____ sont tes restaurants favoris?

5. _____ étudiantes ont les yeux marron?

6. _____ cinéma fréquentez-vous?

7. _____ magasins sont ouverts (*open*) le dimanche?

8. _____ montagnes explorez-vous le week-end?

4 Complétez Complete this dialogue with logical questions.

JASMINE Bonjour Nathalie. (1) _____

NATHALIE Bien. Et toi?

JASMINE Bien, merci. (2) _____

NATHALIE Les cours commencent le 24 septembre.

JASMINE (3) _____

NATHALIE J'ai physique, chimie et biologie.

JASMINE (4) _____

NATHALIE Mon professeur de chimie est Madame Lessieur.

JASMINE Ah, oui! Et tu as déménagé (*you moved*), n'est-ce pas? (5) _____

NATHALIE J'habite en ville, à côté du café, sur la place. Dis, (6) _____

JASMINE Il est 11h30. On va bavarder au café demain, n'est-ce pas?

NATHALIE Parfait (*Perfect*). Au revoir.

5 Les questions Write two questions that would prompt each of these statements.

1. Laëtitia va au marché dimanche.

_____

_____

2. Il y a trois étudiants à la terrasse du café.

_____

_____

3. Mes amis vont manger au restaurant avec les nouveaux élèves.

_____

_____

4. Tu vas en boîte samedi soir.

_____

_____

4A.2 Interrogative words (audio activities)

1 **Logique ou illogique?** You will hear some questions and responses. Decide if they are **logique** or **illogique**.

	Logique	Illogique		Logique	Illogique
1.	O	O	5.	O	O
2.	O	O	6.	O	O
3.	O	O	7.	O	O
4.	O	O	8.	O	O

2 **Questions** Answer each question you hear using the cue. Repeat the correct response after the speaker. (*6 items*)

> **Modèle**
>
> *You hear:* Pourquoi est-ce que
>   tu ne vas pas au café?
> *You see:* aller travailler
> *You say:* Parce que je vais travailler.

1. chez lui
2. avec sa cousine
3. Bertrand
4. à un journaliste
5. absent
6. sérieux

3 **Questions** Listen to each answer and ask the question that prompted the answer. Repeat the correct question after the speaker. (*6 items*)

> **Modèle**
>
> *You hear:* Grégoire va au bureau.
> *You say:* Où va Grégoire?

4 **Conversation** Listen to the conversation and answer the questions.

1. Pourquoi est-ce que Pauline aime son nouvel appartement?

   _____

2. Où est cet appartement?

   _____

3. Comment est la propriétaire?

   _____

4. Combien de personnes travaillent au musée?

   _____

Unité 4

CONTEXTES

1 **Classez** Classify these foods in the appropriate category.

baguette	eau minérale	limonade
beurre	éclair	pain de campagne
boisson gazeuse	fromage	sandwich
café	jambon	soupe
chocolat	jus d'orange	sucre
croissant	lait	thé

Boissons

_____
_____
_____
_____

_____
_____

Pains/desserts

_____
_____
_____

**Produits
laitiers** (*dairy*)

_____
_____
_____

Autres

_____
_____
_____

2 **Complétez** Complete each sentence with the most logical option.

1. J'aime boire (*drink*) de l'eau _____.

   a. éclair   b. minérale   c. sucre

2. Avant de partir (*before leaving*), nous _____ un pourboire.

   a. apportons   b. coûtons   c. laissons

3. Ma sœur est végétarienne. Elle ne mange pas de _____.

   a. jambon   b. sandwich   c. frites

4. Je mets (*put*) toujours du _____ dans mon café.

   a. beurre   b. fromage   c. sucre

5. Je vais demander _____ à la serveuse.

   a. un pourboire b. l'addition   c. apporter

6. J'ai _____. Je vais manger un sandwich et une soupe.

   a. faim   b. soif   c. quelque chose

7. J'aime les produits laitiers (*dairy*). Je vais manger un sandwich au _____.

   a. jambon   b. fromage   c. chocolat

8. Je me demande (*wonder*) quel est le _____ du jus de pomme.

   a. addition   b. coûter   c. prix

3 **Qu'est-ce que c'est?** Write the name of each item pictured.

1. _____   2. _____   3. _____

4. _____   5. _____   6. _____

4 **C'est quoi?** Write the name of the item that each statement describes.

1. Il est fait (*made*) avec des pommes (*apples*) ou des oranges. C'est _____.

2. Il rend (*makes*) le thé ou le café plus doux (*sweeter*). C'est _____.

3. Le serveur/La serveuse l'apporte à la fin du dîner. C'est _____.

4. Il est au jambon ou au fromage. C'est _____.

5. On mange ça avec du ketchup. Ce sont _____.

6. C'est le pain avec lequel (*with which*) on fait (*makes*) les sandwichs. C'est _____.

7. C'est un homme qui travaille dans un restaurant. C'est _____.

8. C'est l'argent qu'on laisse pour le serveur/la serveuse. C'est _____.

5 **Choisissez** Complete this dialogue with the best phrases from the list. Make any necessary changes and do not repeat expressions.

une bouteille de	pas assez de	plusieurs	tous les
un morceau de	un peu de	une tasse de	un verre de

MAI J'ai très soif. Je vais boire (*drink*) (1) _____ eau minérale.

PAUL Vraiment? C'est trop! Tu ne veux pas (2) _____ limonade ou (3) _____ thé?

MAI D'accord, j'adore la limonade.

PAUL Moi, j'ai faim. Il y a (4) _____ types de soupe.

MAI Moi, je vais prendre (*take*) (5) _____ soupe à la tomate et (6) _____ pain.

PAUL Bonne idée, moi aussi. J'aime le thé, mais il n'y a (7) _____ sucre.

MAI Tu ne vas pas prendre (8) _____ morceaux de sucre!

PAUL Et pourquoi pas?

CONTEXTES: AUDIO ACTIVITIES

1   **Associez** Circle the words that are logically associated with each word you hear.

1. frites	baguette	limonade
2. table	sandwich	pourboire
3. beurre	addition	serveur
4. morceau	coûter	soif
5. verre	tasse	sucre
6. plusieurs	soupe	apporter

2   **Logique ou illogique?** Listen to these statements and indicate whether they are **logique** or **illogique**.

	Logique	Illogique		Logique	Illogique
1.	O	O	5.	O	O
2.	O	O	6.	O	O
3.	O	O	7.	O	O
4.	O	O	8.	O	O

3   **Décrivez** Listen to each sentence and write the number of the sentence on the line pointing to the food or drink mentioned.

a. _____

b. _____

c. _____

d. _____

4   **Complétez** Listen to this story and write the missing words.

Bonjour, je m'appelle Raymond. J'aime les journées (1) _____ *La Rotonde*, près

de chez moi. Le matin, je commence un livre avec un bon café au (2) _____.

Le midi, j'adore être à la terrasse. Je mange un sandwich (3) _____ ou jambon

(4) _____. Quand j'ai froid, j'aime mieux (5) _____.

L'après-midi, je (6) _____ avec les (7) _____. Ils sont

sympas, alors je laisse toujours un bon (8) _____.

LES SONS ET LES LETTRES

Nasal vowels

When vowels are followed by an **m** or an **n** in a single syllable, they usually become nasal vowels. Nasal vowels are produced by pushing air through both the mouth and the nose.

The nasal vowel sound you hear in **français** is usually spelled **an** or **en**.

   an   fr**an**çais   **en**ch**an**té   **en**f**an**t

The nasal vowel sound you hear in **bien** may be spelled **en, in, im, ain,** or **aim**. The nasal vowel sound you hear in **brun** may be spelled **un** or **um**.

   exam**en**   améric**ain**   l**un**di   parf**um**

The nasal vowel sound you hear in **bon** is spelled **on** or **om**.

   t**on**   all**ons**   c**om**bien   **on**cle

When **m** or **n** is followed by a vowel sound, the preceding vowel is not nasal.

   image   inutile   ami   amour

---

1   **Prononcez** Répétez les mots suivants à voix haute.

1. blond	5. garçon	9. quelqu'un	13. impatient
2. dans	6. avant	10. différent	14. rencontrer
3. faim	7. maison	11. amusant	15. informatique
4. entre	8. cinéma	12. télévision	16. comment

---

2   **Articulez** Répétez les phrases suivantes à voix haute.

1. Mes parents ont cinquante ans.
2. Tu prends une limonade, Martin?
3. Le Printemps est un grand magasin.
4. Lucien va prendre le train à Montauban.
5. Pardon, Monsieur, l'addition s'il vous plaît!
6. Jean-François a les cheveux bruns et les yeux marron.

---

3   **Dictons** Répétez les dictons à voix haute.

1. L'appétit vient en mangeant.
2. N'allonge pas ton bras au-delà de ta manche.

---

4   **Dictée** You will hear eight sentences. Each will be read twice. Listen carefully and write what you hear.

1. _____
2. _____
3. _____
4. _____
5. _____
6. _____
7. _____
8. _____

Roman-photo

L'HEURE DU DÉJEUNER

Avant de regarder

1   **Au café**   What kinds of things do you say and do when you have lunch in a café?

_____
_____
_____
_____
_____

En regardant la vidéo

2   **Qui...?**   Watch this segment and indicate who these statements describe. Write **A** for Amina, **D** for David, **R** for Rachid, and **S** for Sandrine.

1. _____ et _____ ont envie
   de manger un sandwich.
2. _____ a envie d'une bonne boisson.
3. _____ a envie de dessiner un peu.
4. _____ a un examen de sciences po.
5. _____ et _____ vont au café.
6. _____ et _____ rentrent.

3   **Qu'est-ce qu'elles commandent?**   Watch this video segment and check the boxes to indicate whether Sandrine, Amina, or no one (**personne**) is having these foods and beverages.

	Sandrine	Amina	personne
1. la soupe de poisson			
2. un éclair			
3. de l'eau minérale			
4. un sandwich au fromage			
5. du pain			
6. un sandwich jambon-fromage			
7. une limonade			
8. des frites			

    Unité 4 Roman-photo Activities

4 **Qu'est-ce qui se passe?** Match the actions in the left column with the people who do them. Some actions apply to more than one person.

_____ 1. prendre un sandwich

_____ 2. ne pas comprendre l'addition

_____ 3. commander un café et des croissants

_____ 4. faire (*commit*) une erreur

_____ 5. ne pas boire de limonade

_____ 6. prendre du jus d'orange uniquement le matin

a. Valérie

b. Michèle

c. Sandrine

d. Amina

e. les clients de la table 7

f. les clients de la table 8

Après la vidéo

5 **Corrigez** Each statement below contains one piece of false information. Underline the incorrect word(s), and write the correct one(s) in the space provided.

1. Amina a envie de manger un croissant. _____

2. David et Sandrine vont au café. _____

3. Rachid a un examen d'histoire. _____

4. Valérie sert (*serves*) une soupe de fromage. _____

5. Amina et Sandrine boivent du coca. _____

6. Valérie explique l'erreur de l'addition aux clients. _____

6 **Sélectionner** Select the expression that correctly completes each statement.

1. Sandrine a _____.
   a. froid   b. soif   c. peur

2. David a envie _____.
   a. d'étudier   b. de dessiner   c. d'aller au cinéma

3. Sandrine voudrait (*would like to*) apprendre à préparer _____.
   a. des éclairs   b. des frites   c. des croissants

4. La boisson gazeuse de la table huit coûte _____.
   a. 1,25 €   b. 1,50 €   c. 1,75 €

5. Les clients de la table sept commandent _____.
   a. un thé   b. une limonade   c. une bouteille d'eau minérale

7 **À vous!** What might you order to eat and drink in a café? Complete these statements according to the situations described.

1. **Vous avez très faim:** Moi, je vais prendre _____ et _____.

2. **Vous avez froid:** Je vais manger _____. Comme boisson, je vais prendre _____.

3. **Vous n'avez pas très faim:** Je vais prendre _____ ou peut-être _____.

4. **Vous avez soif:** Comme boisson, je vais prendre _____.

5. **Vous avez sommeil:** Comme boisson, je vais prendre _____.

6. **Vous avez chaud:** Je vais boire _____. Je ne vais pas prendre _____.

Flash culture

AU CAFÉ

Avant de regarder

1   **Vocabulaire supplémentaire**   Look over these words and expressions before you watch the video.

un coca	*soft drink*
un croque-monsieur	*toasted ham and cheese sandwich*
un hot-dog	*hot dog*
une glace au chocolat	*chocolate ice cream*

2   **Qu'est-ce qu'on prend?**   In this video, you are going to learn about cafés in France. Make a list of five beverages and five food items a French café might serve.

À boire   À manger

_____   _____

_____   _____

_____   _____

_____   _____

_____   _____

3   **Qu'est-ce que c'est?**   Check the appropriate column to classify these words as a beverage (boisson) or food (nourriture).

	boisson	nourriture		boisson	nourriture
1. fromage			7. frites		
2. éclair			8. eau minérale		
3. jus de pomme			9. glace au chocolat		
4. croissant			10. croque-monsieur		
5. limonade			11. baguette		
6. café au lait			12. jambon		

En regardant la vidéo

4   **Qu'est-ce qu'il y a?**   Check off the six foods listed below that are mentioned in the video.

❑   1. des frites   ❑   7. une eau minérale

❑   2. un hot-dog   ❑   8. un sandwich au jambon

❑   3. une soupe   ❑   9. des éclairs

❑   4. une baguette   ❑   10. un pain de campagne

❑   5. un croissant   ❑   11. une glace au chocolat

❑   6. un croque-monsieur   ❑   12. un fromage

5 **Les boissons** What beverages are pictured below?

1. _____ 2. _____ 3. _____

4. _____ 5. _____

a. un café au lait   d. un chocolat
b. une limonade   e. un café
c. un coca   f. un thé

Après la vidéo

6 **Au café** Imagine you are at a café in Aix-en-Provence. Write a brief conversation in which you and a friend each order something to eat and something to drink. You should each order different things. Include what the server says, too.

_____

_____

_____

_____

_____

_____

_____

_____

_____

_____

_____

STRUCTURES

4B.1 The verbs **prendre** and **boire**; Partitives

1   **Le dimanche matin** Complete this paragraph with the correct forms of **boire** or **prendre**.

Le dimanche matin, nous allons au café. Pour aller au café, je (1) _____ (prendre) toujours

la ligne A du métro. Mes parents aiment mieux (2) _____ (prendre) leur voiture. Ma sœur et

moi, nous (3) _____ (prendre) une baguette et du beurre. Mes parents (4) _____

(boire) du café mais nous, nous ne (5) _____ (boire) pas de café. Moi, je (6) _____

(boire) un thé et ma sœur (7) _____ (boire) un chocolat. Mes parents (8) _____

(prendre) des croissants. Et vous, qu'est-ce que vous (9) _____ (prendre) et qu'est-ce que vous

(10) _____ (boire) le matin?

2   **Et pour vous?** Reconstruct these conversations that you might hear in a café. First write a question, then answer it.

> **Modèle**
>
> vous / boire / café? (non)
> *Est-ce que vous buvez un café? Non, je ne bois pas de café.*

1. tu / boire / thé? (oui)

   _____

2. nous / prendre / croissants? (non)

   _____

3. ils / prendre / soupe? (oui)

   _____

4. vous / boire / eau? (oui)

   _____

5. elle / prendre / sandwich? (non)

   _____

6. nous / prendre / frites? (oui)

   _____

7. tu / boire / chocolat chaud? (non)

   _____

8. Floriane et Nathalie / boire / jus d'orange? (oui)

   _____

3 **Qu'est-ce que vous prenez?** Look at these illustrations and write a sentence describing what each person is having.

1. je _____

2. vous _____

3. elles _____

4. tu _____

5. nous _____

6. il _____

4 **Complétez** Complete this conversation with the appropriate articles.

SOPHIE Tu as (1) _____ lait?

MARINA Désolée, non je n'ai pas (2) _____ lait, mais j'ai (3) _____ eau minérale

et (4) _____ jus d'orange. Tu prends (5) _____ croissants avec

(6) _____ beurre ou bien (7) _____ éclair?

SOPHIE Je vais simplement prendre (8) _____ jus d'orange avec un morceau

(9) _____ pain.

MARINA Pas de problème. Tu es sûre? Tu ne prends pas un peu (10) _____ fromage aussi?

SOPHIE Non, merci. Je n'aime pas (11) _____ fromage. Tu as (12) _____ pain

de campagne?

MARINA Oui, voilà.

SOPHIE Merci.

4B.1 The verbs **prendre** and **boire**; Partitives (audio activities)

1   **Identifiez** Listen to each statement and mark an X in the column of the verb you hear.

> **Modèle**
>
> *You hear:* Nous n'allons pas apprendre
> le chinois cette année.
> *You mark:* an **X** under **apprendre**

	apprendre	prendre	comprendre	boire
Modèle	X			
1.				
2.				
3.				
4.				
5.				
6.				
7.				
8.				

2   **Conjuguez** Form a new sentence using the cue you hear. Repeat the correct response after the speaker.

> **Modèle**
>
> *You hear:* Elle prend un café tous les matins. (nous)
> *You say:* Nous prenons un café tous les matins.

    1. (vous)   2. (elles)   3. (nous)   4. (Jean-Christophe)   5. (ils)   6. (nous)

3   **Choisissez** Listen to each question and choose the most logical answer.

1. a. Non, elle n'a pas faim.
   b. Non, elle n'a pas soif.

2. a. Parce qu'il n'a pas de jambon.
   b. Parce que je prends aussi un chocolat.

3. a. Je ne prends pas de sucre.
   b. Oui, avec du sucre et un peu de lait.

4. a. Non, je n'aime pas le pain.
   b. Non, je prends du pain.

5. a. Oui, ils prennent ça tous les jours.
   b. Non, ils n'aiment pas le café.

6. a. Je bois un café.
   b. Je prends un éclair au café.

7. a. Quand elles ont soif.
   b. Non, elles n'ont pas soif.

8. a. Pourquoi pas.
   b. Oui, tout de suite.

4B.2 Regular -ir verbs

1 **De bonnes résolutions** Decide whether each resolution is a good one (**une bonne résolution**) or a bad one (**une mauvaise résolution**).

	une bonne résolution	une mauvaise résolution
1. Je vais étudier pour réussir le bac.	○	○
2. Je suis déjà un peu gros et j'ai le sentiment que je vais encore grossir.	○	○
3. Je vais finir mes études en droit pour avoir mon diplôme.	○	○
4. Je vais réfléchir avant de parler quand je suis énervée (*angry*).	○	○
5. Je maigris trop. Je vais manger un peu plus pour grossir.	○	○
6. Je ne vais pas finir mes devoirs avant de sortir avec mes amis.	○	○
7. Mes amis du lycée ne sont pas très sympas avec moi. Je vais bien choisir mes amis à la fac.	○	○
8. Tous mes pantalons sont trop serrés! Je vais maigrir un peu.	○	○

2 **Le bon mot** Write the appropriate present tense forms of **choisir** to tell what everyone is about to order at the restaurant today.

1. Samira et moi _____ le sandwich au fromage. On va partager.

2. Pour mon dessert, je _____ l'éclair au chocolat.

3. Les Ricci ont très soif! Ils _____ des boissons: une limonade et deux cocas.

4. Léna, tu _____ quoi, déjà, comme dessert? Le gâteau aux noisettes (*nuts*)?

5. Vous _____ votre plat habituel (*usual dish*), M. Théveneau?

6. Jamel a super froid! Il _____ le chocolat chaud parfumé à la cannelle (*cinnamon*).

3 **Choisissez** Complete the sentences with the appropriate and most logical verb of the list.

choisir	grossir	réagir	rougir
finir	maigrir	réfléchir (à)	vieillir
grandir	obéir (à)	réussir (à)	

1. On _____ quand on mange trop.

2. Est-ce que les bons _____ derniers?

3. Je _____ quand je fais beaucoup d'exercice.

4. Stéphanie _____ comme une tomate (*tomato*).

5. _____ bien. Vous allez trouver la réponse.

6. Nous _____ la glace au chocolat pour notre dessert!

7. Tu _____ à travailler quand ta sœur met sa musique très fort?

8. Marc, _____ à ta grand-mère!

4 **Qu'est-ce qu'ils font?** Complete the caption for each illustration with the present tense form of a regular -ir verb.

1. Thierry, tu _____ .

2. Nathalie _____ un dessert.

3. Louis _____ à son voyage.

4. Jean-Yves est fatigué parce qu'il ne _____ pas à dormir (*sleep*).

5. Thierry, tu _____ .

6. Ludo et Martin n' _____ jamais (*never*).

5 **Question-réponse** Write a logical question including an -ir verb that would prompt each response.

1. _____

Ah, oui. Je ne mange pas beaucoup en ce moment. C'est le stress!

2. _____

Oui, je vais prendre la tarte aux pommes.

3. _____

Oui, il fait toujours ce que sa mère demande (*he always does what his mother asks*).

4. _____

Oui, maintenant Peter a de très bonnes notes.

5. _____

Mais non! Ce sont mes vêtements qui rétrécissent (*shrink*)!

4B.2 Regular -ir verbs (audio activities)

1 Changez Form a new sentence using the cue you hear as the subject. Repeat the correct answer after the speaker. (*8 items*)

> **Modèle**
> Je finis tous les devoirs de français. (nous)
> **Nous finissons** tous les devoirs de français.

2 Répondez Answer each question you hear using the cue. Repeat the correct response after the speaker.

> **Modèle**
> *You hear:* Qui choisit le gâteau au chocolat?
> *You see:* mes parents
> *You say:* Mes parents choisissent le gâteau au chocolat.

1. dix heures
2. non
3. il fait chaud (*it's hot*)
4. oui
5. Béatrice et Julie
6. oui

3 Logique ou illogique? Listen to each statement and indicate if it is **logique** or **illogique**.

	Logique	Illogique		Logique	Illogique
1.	○	○	5.	○	○
2.	○	○	6.	○	○
3.	○	○	7.	○	○
4.	○	○	8.	○	○

4 Conversation Listen to Antoine and Léa's conversation and answer the questions.

1. Pourquoi est-ce que Léa est heureuse? _____
2. Est-ce qu'elle va réussir ses examens? _____
3. Quel restaurant choisissent-ils? _____
4. Que prend Antoine à manger? _____
5. Antoine a-t-il peur de grossir? _____
6. Pourquoi Léa choisit-elle de prendre une salade? _____

Unité 4

PANORAMA

Savoir-faire

---

1 **Où ça?** Complete these sentences with the correct information.

1. L'église du _____ est un centre de pèlerinage depuis 1.000 ans.

2. À _____, en Bretagne, il y a 3.000 menhirs et dolmens.

3. La maison de Claude Monet est à _____, en Normandie.

4. Les crêpes sont une spécialité culinaire de _____.

5. Le camembert est une spécialité culinaire de _____.

6. _____ est une station balnéaire de luxe.

---

2 **Qu'est-ce que c'est?** Label each image correctly.

1. _____

2. _____

3. _____

4. _____

---

3 **Vrai ou faux?** Indicate whether each statement is **vrai** or **faux**. Correct the false statements.

1. C'est au Mont-Saint-Michel qu'il y a les plus grandes marées du monde.

_____

2. Le Mont-Saint-Michel est une presqu'île.

_____

3. Le Mont-Saint-Michel est un centre de pèlerinage.

_____

4. Le camembert est vendu dans une boîte ovale en papier.

_____

5. Claude Monet est un maître du mouvement impressionniste.

_____

6. Claude Monet est le peintre des «Nymphéas» et du «Pont chinois».

_____

7. Il y a 300 menhirs et dolmens à Carnac.

_____

8. Les plus anciens menhirs datent de 4.500 ans avant J.-C.

_____

---

4 **Répondez** Answer these questions in complete sentences.

1. Où est Carnac?

   _____

2. Comment sont disposés (*positioned*) les menhirs?

   _____

3. Quelle est la fonction des menhirs? Et des dolmens?

   _____

4. À quoi est associée la fonction des menhirs?

   _____

5. À quoi est associée la fonction des dolmens?

   _____

6. Pourquoi Deauville est-elle célèbre?

   _____

5 **Les mots croisés** Use the clues below to complete this crossword puzzle.

1. À Deauville, il y a un festival du...
2. C'est le nom d'un fromage.
3. On peut manger des crêpes dans une...
4. C'est le nom d'un lieu où il y a des falaises.
5. C'est la région qui a la plus grande population.
6. C'est le nom d'une célèbre femme écrivain.
7. Deauville est une station...
8. C'est un type d'énergie produite en Normandie.

Unité 5

CONTEXTES

---

1 **Cherchez** In the grid, find the eleven other words listed. Look backward, forward, vertically, horizontally, and diagonally.

bande dessinée
échecs
équipe
joueuse
loisir
match
passe-temps
pratiquer
skier
spectacle
sport
temps libre

```
L O B F E C K Ô D S V T Z F U
P O B A A L V V E A E C P Q V
A L I K N V C M W M D B G A M
S V U S D B A P P B S K M W
S B F R I T E S T É C H E C S
E M C P J R L D Q C V I P W S
T H J È I I Z A E E E L H E C
E H K U B W J G M S E P P K S
M R H R T H B A F D S I S A K
P R E U Q I T A R P U I L P I
S L W Y Z C V P M Q E L N J E
F A X B H F F F É W U W F É R
S I Y T R O P S S Z O E Q K E
Y G N K B W F E U B J S M L M
P X F D W I J W Q S T M L É R
```

2 **Le sport** Look at this list of sports and activities, and indicate whether people generally practice them à l'extérieur (*outside*), à l'intérieur (*inside*), or both.

| aller à la pêche | le basket | le football | marcher | le tennis |
| le baseball | les échecs | le golf | skier | le volley-ball |

à l'extérieur

_____

_____

_____

_____

à l'intérieur

_____

à l'intérieur et à l'extérieur

_____

_____

3 **Chassez l'intrus** Circle the word that does not belong in each group.
1. pratiquer, le baseball, le tennis, la bande dessinée
2. indiquer, un loisir, un passe-temps, le temps libre
3. une fois, rarement, souvent, presque jamais
4. encore, souvent, parfois, jamais
5. un jeu, les cartes, skier, les échecs
6. gagner, le cinéma, un jeu, un match
7. bricoler, skier, le tennis, le volley-ball
8. jouer, gagner, aller à la pêche, pratiquer
9. rarement, maintenant, parfois, jamais
10. chanter, gagner, aider, longtemps

4 **Quoi?** Complete this paragraph according to the illustrations to find out what Dalil and his friends are planning to do this weekend. Don't forget to use a preposition or an article when necessary.

Ce week-end, je vais jouer (1) _____ avec des amis. Nous allons

(2) _____ à 15h00. Nous allons aussi jouer (3) _____.

J'aime les sports de plein air (*outdoors*), mais je n'aime pas (4) _____. Je n'aime pas

(5) _____ non plus. Ce soir, nous allons jouer (6) _____

(je n'aime pas (7) _____).

5 **Les célébrités** What sports do these people play?

1. Shaquille O'Neil _____   4. Tiger Woods _____

2. David Ortiz _____   5. Peyton Manning _____

3. Gabrielle Reese _____   6. Venus et Serena Williams _____

6 **Les loisirs** Write a sentence indicating what these people do and how often they do it, based on the cues provided.

> **Modèle**
> Stéphane / once a month
> *Stéphane regarde une bande dessinée une fois par mois.*

Sandrine / often

David and Rachid / on Tuesdays and Thursdays

1. _____   2. _____

David and Rachid / right now

David and Sandrine / twice a month

3. _____   4. _____

CONTEXTES: AUDIO ACTIVITIES

1 **Identifiez** You will hear a series of words. Write the word that does not belong in each series.

1. _____   5. _____
2. _____   6. _____
3. _____   7. _____
4. _____   8. _____

2 **Choisissez** Listen to each question and choose the most logical answer.

1. a. Oui, le lundi et le vendredi.
   b. Non, je déteste les bandes dessinées.

2. a. Chez mes parents.
   b. Rarement.

3. a. Avec mon ami.
   b. Une fois par mois.

4. a. Nous jouons pour gagner.
   b. Nous jouons surtout le soir.

5. a. Oui, j'aime le cinéma.
   b. J'aime mieux le golf.

6. a. Non, ils ne travaillent pas.
   b. Ils bricolent beaucoup.

7. a. Oui, son équipe est numéro un.
   b. Oui, c'est son passe-temps préféré.

8. a. Oui, ils jouent aujourd'hui.
   b. Il n'y a pas de spectacle.

3 **Les lieux** You will hear a couple describing their leisure activities on a typical weekend day. Write each activity in the appropriate space.

	la femme	l'homme
le matin	_____	_____
à midi	_____	_____
l'après-midi	_____	_____
le soir	_____	_____

LES SONS ET LES LETTRES

Intonation

In short, declarative sentences, the pitch of your voice, or intonation, falls on the final word or syllable.

Nathalie est française.   **Hector joue au football.**

In longer, declarative sentences, intonation rises, then falls.

À trois heures et demie, j'ai sciences politiques.

In sentences containing lists, intonation rises for each item in the list and falls on the last syllable of the last one.

Martine est jeune, blonde et jolie.

In long, declarative sentences, such as those containing clauses, intonation may rise several times, falling on the final syllable.

Le samedi, à dix heures du matin, je vais au centre commercial.

Questions that require a yes or no answer have rising intonation. Information questions have falling intonation.

C'est ta mère?   **Est-ce qu'elle joue au tennis?**

Quelle heure est-il?   **Quand est-ce que tu arrives?**

---

1 Prononcez Répétez les phrases suivantes à voix haute.

1. J'ai dix-neuf ans.
2. Tu fais du sport?
3. Quel jour sommes-nous?
4. Sandrine n'habite pas à Paris.
5. Quand est-ce que Marc arrive?
6. Charlotte est sérieuse et intellectuelle.

---

2 Articulez Répétez les dialogues à voix haute.

1. —Qu'est-ce que c'est?
   —C'est un ordinateur.
2. —Tu es américaine?
   —Non, je suis canadienne.
3. —Qu'est-ce que Christine étudie?
   —Elle étudie l'anglais et l'espagnol.
4. —Où est le musée?
   —Il est en face de l'église.

---

3 Dictons Répétez les dictons à voix haute.

1. Si le renard court, le poulet a des ailes.
2. Petit à petit, l'oiseau fait son nid.

---

4 Dictée You will hear eight sentences. Each will be read twice. Listen carefully and write what you hear.

1. _____
2. _____
3. _____
4. _____
5. _____
6. _____
7. _____
8. _____

Roman-photo

AU PARC

Avant de regarder

1 **Les loisirs** Look at the photo and consider the title of this video episode. What do you think this episode will be about?

_____

_____

_____

_____

_____

_____

_____

_____

_____

En regardant la vidéo

2 **Qui...?** Watch the first scene and indicate which character says each of these lines. Write D for David, R for Rachid, or S for Sandrine.

_____ 1. Oh là là… On fait du sport aujourd'hui!

_____ 2. Je joue au foot très souvent et j'adore!

_____ 3. Mon passe-temps favori, c'est de dessiner la nature.

_____ 4. Oh, quelle belle journée! Faisons une promenade!

_____ 5. Je n'ai pas beaucoup de temps libre avec mes études.

_____ 6. J'ai besoin d'être sérieux.

3 **Les activités** Check off the activities that are mentioned in the video.

❑ 1. faire du vélo

❑ 2. jouer au football

❑ 3. aller à la pêche

❑ 4. dessiner

❑ 5. jouer au volleyball

❑ 6. jouer aux échecs

❑ 7. sortir

❑ 8. faire du ski

❑ 9. jouer au baseball

❑ 10. jouer aux cartes

❑ 11. faire de la planche à voile

❑ 12. jouer au basket

❑ 13. jouer au football américain

❑ 14. jouer au tennis

4 **Complétez** Watch the segment with Rachid and Stéphane, and complete these sentences with the missing words.

STÉPHANE Pfft! Je n'aime pas (1) _____.

RACHID Mais, qu'est-ce que tu aimes, à part (2) _____?

STÉPHANE Moi? J'aime presque tous (3) _____. Je fais (4) _____,

(5) _____, du vélo… et j'adore (6) _____.

5 **David et Sandrine** Watch the conversation between David and Sandrine, then choose the best answer for these questions.

1. Selon David, les sports favoris des Américains sont _____.
   a. le baseball et le basket   b. le football et le volley-ball   c. le football et le tennis

2. Les Américains adorent regarder _____ à la télé.
   a. le basket   b. le football américain   c. le baseball

3. Sandrine aime bien _____ le week-end.
   a. faire du sport   b. dessiner   c. sortir

4. Sandrine aime _____.
   a. aller au cinéma   b. aller à des concerts   c. aller au cinéma et à des concerts

5. Sandrine adore _____.
   a. danser   b. regarder des films   c. chanter

6. David aime _____.
   a. jouer au basket   b. dessiner   c. bricoler

Après la vidéo

6 **J'aime…** Complete the chart with the activities, pastimes, or sports that you enjoy participating in. Also, indicate when and where you do each activity.

Mes loisirs préférés	Quand?	Où?

7 **À vous!** Answer these questions in French.

1. Est-ce que vos amis sont sportifs? Quels sont leurs sports préférés?

   _____

   _____

2. Qu'est-ce que vous aimez faire avec vos amis quand vous avez du temps libre?

   _____

   _____

3. Qu'est-ce que vous allez faire ce week-end? Mentionnez au moins trois choses.

   _____

   _____

Flash culture

LES LOISIRS

Avant de regarder

1   **Quels sont vos loisirs préférés?** In this video, you will learn about leisure-time activities in France. Make a list of six things you like to do in your spare time. Then make a list of six things you don't like to do in your spare time.

J'aime…	Je n'aime pas…
_____	_____
_____	_____
_____	_____
_____	_____
_____	_____
_____	_____

2   **Mes loisirs** Circle all of the statements that describe you.

1. J'aime jouer aux cartes / aux échecs.
2. Je joue du piano / de la guitare.
3. J'aime / Je n'aime pas le sport.
4. Je fais de la gym / de l'aérobic / de la danse.
5. Je joue au football / au basket / au baseball.

En regardant la vidéo

3   **Mettez-les dans l'ordre** In what order does Csilla mention these activities?

_____ a. On joue au basket.

_____ b. On joue à la pétanque.

_____ c. On joue au football.

_____ d. On joue au tennis.

_____ e. On court.

_____ f. On fait du jogging.

_____ g. On fait de la musique.

_____ h. On fait de la gym.

_____ i. On fait de l'aérobic.

_____ j. On fait de la danse.

4 **Écoutez** Write down five activities you see being performed indoors (à l'intérieur) and five you see being performed outdoors (en plein air). Include activities you see but Csilla doesn't mention.

À l'intérieur	En plein air
_____	_____
_____	_____
_____	_____
_____	_____
_____	_____

Après la vidéo

5 **Qu'est-ce que c'est?** Define these terms in English, based on what you saw and heard in the video.

1. la maison des jeunes et de la culture

_____

_____

_____

2. la pétanque

_____

_____

_____

6 **Les activités** How are sports and leisure activities in France different from those practiced in the United States? In what ways are they similar?

_____

_____

_____

_____

_____

_____

_____

_____

_____

5A.1 The verb **faire**

1 **La famille de Karine** Complete this paragraph with the correct form of the verb **faire**.

Ma famille est très active. Moi, je (1) _____ de l'aérobic le week-end. La semaine, ma sœur

et moi, nous (2) _____ du jogging dans le parc. Mon frère n'aime pas (3) _____

de la gym, mais il (4) _____ la cuisine. Mes parents (5) _____ aussi attention à

leur santé (_health_). Ils (6) _____ souvent du vélo. Et dans ta famille, qu'est-ce que vous

(7) _____? Est-ce que tu (8) _____ du sport?

2 **Choisissez** Complete this conversation with the correct prepositions or articles.

SOPHIE Quels sont vos passe-temps préférés?

KHALED Je fais (1) _____ aérobic tous les week-ends. Et toi, Luc?

LUC Je fais (2) _____ cheval ou (3) _____ planche à voile.

SOPHIE Moi, je ne fais pas beaucoup (4) _____ sport, mais j'aime bien faire (5) _____

camping. Maintenant, je vais faire (6) _____ promenade dans le parc. Qui veut venir (_wants to_

come) avec moi?

KHALED Moi, pourquoi pas! Il faut bien faire (7) _____ sport.

SOPHIE Parfait. Tu vas faire (8) _____ connaissance de ma sœur, Frédérique.

LUC Ma sœur et moi, nous y allons aussi. On va faire un pique-nique!

3 **Le mot juste** Complete this brochure with **jouer** or **faire** and the appropriate articles or
prepositions.

De nombreux sports sont proposés à nos élèves. Dans notre nouveau gymnase, vous pouvez (_can_)

(1) _____ aérobic ou (2) _____ basket ou (3) _____ volley.

Dans notre stade, vous pouvez (4) _____ jogging, (5) _____ vélo ou

(6) _____ baseball.

Il y a également des clubs qui organisent des activités en dehors du (_outside of the_) lycée. Vous pouvez

(7) _____ ski ou (8) _____ randonnée selon (_according to_) la saison. Vous pouvez

également (9) _____ échecs, (10) _____ planche à voile ou (11) _____

football.

Avec toutes les activités proposées, vous allez (12) _____ connaissance de beaucoup de personnes!

4 **Que font-ils?** Look at these pictures and tell what these people are doing using the verb **faire**.

Modèle

Il fait un **tour en voiture**.

1. _____

2. _____

3. _____

4. _____

5. _____

6. _____

5 **Qu'est-ce qu'il faut faire?** Give these people advice about activities they might enjoy.

Modèle

J'aime les animaux.   Il **faut faire** du cheval.

1. J'aime la montagne et marcher.

_____

2. Je suis nouvelle à l'école.

_____

3. J'aime courir (*run*).

_____

4. J'adore le cyclisme (*cycling*).

_____

5. J'aime dîner chez moi avec des amis.

_____

5A.1 The verb **faire** (audio activities)

1   **Identifiez**   Listen to each statement and mark an X in the column of the verb form you hear.

> **Modèle**
>
> *You hear:* François ne fait pas de sport.
> *You mark:* an **X** under **fait**

	fais	fait	faisons	faites	font
Modèle	____	X	____	____	____
1.	____	____	____	____	____
2.	____	____	____	____	____
3.	____	____	____	____	____
4.	____	____	____	____	____
5.	____	____	____	____	____
6.	____	____	____	____	____
7.	____	____	____	____	____
8.	____	____	____	____	____

2   **Conjuguez**   Form a new sentence using the cue you hear as the subject. Repeat the correct response after the speaker. (*6 items*)

> **Modèle**
>
> *You hear:* Je ne fais jamais la cuisine. (vous)
> *You say:* Vous ne faites jamais la cuisine.

3   **Complétez**   You will hear the subject of a sentence. Complete the sentence using a form of **faire** and the cue. Repeat the correct response after the speaker.

> **Modèle**
>
> *You hear:* Mon cousin
> *You see:* vélo
> *You say:* Mon cousin fait du vélo.

1. baseball   3. cuisine   5. randonnée
2. camping   4. jogging   6. ski

4   **Complétez**   Listen to this story and write the missing verbs.

Je m'appelle Aurélien. Ma famille et moi sommes très sportifs. Mon père (1) _____ du ski de

compétition. Il (2) _____ aussi de la randonnée en montagne avec mon oncle. Ma mère

(3) _____ du cheval. Son frère et sa sœur (4) _____ du foot. Mon grand frère et moi

(5) _____ du volley à l'école et de la planche à voile. Je (6) _____ aussi du tennis. Ma

sœur et notre cousine (7) _____ du golf. Et vous, que (8) _____-vous comme sport?

5A.2 Irregular -ir verbs

1 **Les vacances** Complete this paragraph with the correct form of the verbs in parentheses to tell what Miriam does when she is on vacation.

Pendant les vacances (*vacation*), si je ne voyage pas, je (1) _____ (dormir) toujours tard le matin, mais mes parents (2) _____ (sortir) tôt pour aller marcher dans le parc. En général, je (3) _____ (sortir) de la maison à 11h00 et je (4) _____ (courir) un peu avec des amis. Ils (5) _____ (courir) très vite. Le parc (6) _____ (sentir) bon avec toutes les fleurs (*flowers*).

Pour les vacances d'hiver (*winter*), je vais (7) _____ (partir) en Algérie. Nous (8) _____ (partir) la semaine prochaine. Je (9) _____ (sentir) que le voyage va être intéressant. J'adore un petit restaurant à Alger où on (10) _____ (servir) un excellent couscous.

2 **Décrivez** Describe what the people in these pictures are doing. Write in complete sentences and use a dictionary if necessary.

1.

2.

3.

4.

5.

6.

1. _____

2. _____

3. _____

4. _____

5. _____

6. _____

3 **Que font-ils?** For each sentence, choose the correct verb from those in parentheses. Then complete the sentence by writing the verb in the present.

1. Les professeurs _____ (sortir, dormir, sentir) du lycée à 6h00 du soir.

2. Les élèves _____ (servir, partir, sentir) pour Paris pour aller visiter

   les musées.

3. Maintenant, le département de français _____ (dormir, sentir, servir) du café et

   du thé après les conférences.

4. Les athlètes _____ (servir, courir, partir) dans le stade tous les matins.

5. Ton frère ne _____ (dormir, servir, sentir) pas assez parce

   qu'il étudie beaucoup.

6. Je _____ (servir, sentir, partir) que mon examen de physique va être facile.

7. Je ne _____ (servir, sentir, sortir) plus avec Hélène.

8. Caroline _____ (servir, partir, courir) pour la France le mois prochain.

4 **Répondez** Answer these questions in complete sentences.

1. Partez-vous pour un lieu intéressant cette année? Où allez-vous?

   _____

2. Combien d'heures votre frère dort-il? Et vous?

   _____

3. Sortez-vous souvent pendant le weekend?

   _____

4. Que servez-vous à vos amis?

   _____

5. Qui sort avec vous en boîte, le week-end?

   _____

6. Courez-vous dans le parc? Avec qui?

   _____

5A.2 Irregular -ir verbs (audio activities)

1 **Conjuguez** Form a new sentence using the cue you hear as the subject. Repeat the correct answer after the speaker.

> **Modèle**
> *You hear:* Vous ne dormez pas! (tu)
> *You say:* Tu ne dors pas!

1. (nous)   2. (toi et ton frère)   3. (ils)   4. (mon chat)   5. (les sandwichs)   6. (leurs chevaux)

2 **Identifiez** Listen to each sentence and write the infinitive of the verb you hear.

> **Modèle**
> *You hear:* L'équipe court au stade Grandjean.
> *You write:* courir

1. _____   5. _____
2. _____   6. _____
3. _____   7. _____
4. _____   8. _____

3 **Questions** Answer each question you hear using the cue. Repeat the correct response after the speaker.

> **Modèle**
> *You hear:* Avec qui tu cours aujourd'hui?
> *You see:* Sarah
> *You say:* Je cours avec Sarah.

1. chez ma tante   2. plus tard   3. les enfants   4. mon ami   5. le chocolat   6. une demi-heure

4 **Les activités** Listen to each statement and write the number of the statement below the drawing it describes. There are more statements than there are drawings.

a. _____   b. _____   c. _____

d. _____   e. _____   f. _____

Unité 5

CONTEXTES

1 **Les saisons** Name the season that best matches each description.

1. Nous allons à la plage. _____

2. Il neige et nous faisons du ski. _____

3. Il fait très chaud. _____

4. Il pleut souvent. _____

5. Il fait frais et il fait du vent. _____

6. C'est la fin des cours au lycée. _____

7. Il faut utiliser un imperméable et un parapluie. _____

8. Les cours commencent au lycée. _____

9. C'est la fin de l'année. _____

10. Nous célébrons la fête (*holiday*) nationale en France et aux États-Unis. _____

2 **Le temps** Here is a weather forecast. Say what the weather is like and what the highest and lowest temperatures are.

> **Modèle**
> Il fait froid et le temps est nuageux à New York.
> La température minimum est de 1 degré.
> La température maximum est de 15 degrés.

New York
1°C / 15°C

1. Chambéry   2. Abidjan   3. Papeete   4. Marseille
    2°C / 5°C   22°C / 25°C   27°C / 31°C   12°C / 20°C

1. _____

_____

2. _____

_____

3. _____

_____

4. _____

3 **Les vacances** Farida and Thomas are going to visit Paris. Complete their conversation with the words and expressions from the list.

anniversaire	beau	degrés	imperméable	soleil
avril	date	frais	printemps	temps

FARIDA Quel (1) _____ fait-il à Paris demain?

THOMAS Il fait beau. Il fait 17 (2) _____.

FARIDA J'ai besoin d'un (3) _____?

THOMAS Non, il ne va pas pleuvoir. Il va faire (4) _____ tout le temps.

FARIDA Parfait. C'est vrai que c'est le (5) _____.

THOMAS N'oublie pas que le matin, il fait (6) _____. Nous sommes en

(7) _____.

FARIDA Quelle est la (8) _____ de l' (9) _____ de

ton oncle?

THOMAS C'est le 5.

FARIDA J'espère (*hope*) qu'il va faire (10) _____.

THOMAS Oui, moi aussi.

4 **Vrai ou faux?** Read these statements and indicate whether they are **vrai** or **faux**. Correct the false statements.

1. Quand il pleut, j'utilise un imperméable.

   _____

2. Il fait un temps épouvantable en été.

   _____

3. Quand le temps est nuageux, il fait soleil.

   _____

4. En hiver, il fait froid et il neige.

   _____

5. La Saint-Valentin est en février.

   _____

6. Avril, c'est en hiver.

   _____

7. Quand il fait 30 degrés, il fait froid.

   _____

8. Mars est ma saison préférée.

   _____

CONTEXTES: AUDIO ACTIVITIES

1 **Le temps** Listen to each statement and write the number of the statement below the drawing it describes. There are more statements than there are drawings.

a. _____

b. _____

c. _____

d. _____

2 **Identifiez** You will hear a series of words. Write the word that does not belong in each series.

1. _____   4. _____

2. _____   5. _____

3. _____   6. _____

3 **Questions** Answer each question you hear using the cues. Repeat the correct response after the speaker.

> *Modèle*
>
> *You hear:* Qu'est-ce qu'on va faire cet été?
> *You see:* faire du camping et une randonnée
> *You say:* Cet été, on va faire du camping et
>   une randonnée.

1. au printemps

2. le 1er février

3. aller souvent au cinéma

4. aimer bricoler

5. aller à un spectacle

6. l'été

LES SONS ET LES LETTRES

Open vs. closed vowels: Part 1

You have already learned that é is pronounced like the vowel *a* in the English word *cake*. This is a closed e sound.

étudiant	agréable	nationalité	enchanté

The letter combinations -er and -ez at the end of a word are pronounced the same way, as is the vowel sound in single-syllable words ending in -es.

travailler	avez	mes	les

The vowels spelled è and ê are pronounced like the vowel in the English word *pet*, as is an e followed by a double consonant. These are open e sounds.

répète	première	pêche	italienne

The vowel sound in *pet* may also be spelled et, ai, or ei.

secret	français	fait	seize

Compare these pairs of words. To make the vowel sound in *cake*, your mouth should be slightly more closed than when you make the vowel sound in *pet*.

mes	mais	ces	cette	théâtre	thème

1 **Prononcez** Répétez les mots suivants à voix haute.

1. thé
2. lait
3. belle
4. été
5. neige
6. aider
7. degrés
8. anglais
9. cassette
10. discret
11. treize
12. mauvais

2 **Articulez** Répétez les phrases suivantes à voix haute.

1. Hélène est très discrète.
2. Céleste achète un vélo laid.
3. Il neige souvent en février et en décembre.
4. Désirée est canadienne; elle n'est pas française.

3 **Dictons** Répétez les dictons à voix haute.

1. Péché avoué est à demi pardonné.
2. Qui sème le vent récolte la tempête.

4 **Dictée** You will hear eight sentences. Each will be read twice. Listen carefully and write what you hear.

1. _____
2. _____
3. _____
4. _____
5. _____
6. _____
7. _____
8. _____

Roman-photo

QUEL TEMPS!

Avant de regarder

1 **Le temps** In this video episode, the characters talk about seasons, the date, and the weather. What kinds of expressions do you think they might say?

_____
_____
_____
_____

En regardant la vidéo

2 **Les mois de l'année** Which months are mentioned in this video episode?

☐ 1. janvier   ☐ 7. juillet

☐ 2. février   ☐ 8. août

☐ 3. mars   ☐ 9. septembre

☐ 4. avril   ☐ 10. octobre

☐ 5. mai   ☐ 11. novembre

☐ 6. juin   ☐ 12. décembre

3 **Quel temps fait-il?** In what order are these weather conditions mentioned in the video?

_____ a. Il fait bon.

_____ b. Il pleut.

_____ c. Il fait chaud.

_____ d. Il fait beau.

_____ e. Il neige.

_____ f. Il fait froid.

4 **Qui...?** Watch the scene in Rachid and David's apartment, and indicate which character says these lines. Write **D** for David, **R** for Rachid, or **S** for Sandrine.

_____ 1. Je sors même quand il fait très froid.

_____ 2. Je déteste la pluie. C'est pénible.

_____ 3. Cette année, je fête mes vingt et un ans.

_____ 4. Oh là là! J'ai soif.

_____ 5. C'est vrai, David, tu as vraiment du talent.

_____ 6. Mais... qu'est-ce que vous faites, tous les deux?

Unité 5 Roman-photo Activities   **131**

5 **Descriptions** Indicate which person each statement describes.

_____ 1. Il/Elle étudie Napoléon.
     a. Rachid   b. David   c. Stéphane   d. Sandrine

_____ 2. Son anniversaire, c'est le 15 janvier.
     a. Rachid   b. David   c. Stéphane   d. Sandrine

_____ 3. Il/Elle préfère l'été.
     a. Rachid   b. David   c. Stéphane   d. Sandrine

_____ 4. Il/Elle aime regarder les sports à la télé.
     a. Rachid   b. David   c. Stéphane   d. Sandrine

_____ 5. Il/Elle célèbre ses dix-huit ans samedi prochain.
     a. Rachid   b. David   c. Stéphane   d. Sandrine

Après la vidéo

6 **Vrai ou faux?** Indicate whether these statements are **vrai** or **faux**.

	Vrai	Faux
1. À Washington, il pleut souvent à l'automne et en hiver.	○	○
2. Stéphane a dix-neuf ans.	○	○
3. Le Tour de France commence au mois d'août.	○	○
4. L'anniversaire de Sandrine est le 20 juillet.	○	○
5. Sandrine va préparer une omelette pour David et Rachid.	○	○
6. Pour célébrer son anniversaire, Sandrine invite ses amis au restaurant.	○	○

7 **À vous!** Answer these questions in French.

1. C'est quand, votre anniversaire?

_____

_____

_____

2. Quelle est votre saison préférée? Pourquoi? _____

_____

_____

_____

3. Qu'est-ce que vous aimez faire quand il fait beau? _____

_____

_____

_____

4. Qu'est-ce que vous aimez faire quand il pleut? _____

_____

_____

_____

STRUCTURES

5B.1 Numbers 101 and higher

1   **Les prix**   Write out these prices in words.

1. 127€   2. 199€   3. 235€   4. 451€

5. 300€   6. 202€   7. 480€   8. 373€

1. _____   5. _____

2. _____   6. _____

3. _____   7. _____

4. _____   8. _____

2   **Québec**   Read these sentences about the French-speaking province of Quebec, Canada. Write the digits for the numbers in each sentence.

1. Jacques Cartier arrive à Gaspé en mille cinq cent trente-quatre. _____

2. La province du Québec est établie en mille sept cent quatre-vingt-onze. _____

3. La population francophone du Québec est de cinq millions huit cent mille personnes. _____

4. La population anglophone du Québec est de cinq cent quatre-vingt-onze mille personnes. _____

5. La superficie de la province du Québec est de un million cinq cent cinquante-trois mille six cent trente-sept kilomètres carrés. _____

6. La population totale du Québec est de sept millions cinq cent soixante-huit mille six cent quarante habitants. _____

7. Le Québec produit (*makes*) quatre-vingt-six millions quatre cent seize mille cinquante-sept livres (*pounds*) de sirop d'érable (*maple syrup*). _____

8. Il y a quarante et un mille cinq cent sept étudiants à l'Université du Québec, à Montréal. _____

3 **Résolvez** Solve these math problems, using the formal or the informal vocabulary.

> **Modèle**
> 200 + 350 (formal)   *Deux cents plus trois cent cinquante egale cinq cent cinquante.*

1. 199 + 801 (informal)

   _____

2. 28.000 – 13.000 (formal)

   _____

3. 826 x 4 (informal)

   _____

4. 1.800 ÷ 2 (formal)

   _____

4 **L'inventaire** Léo is working at the school store. To make sure the inventory is accurate, he has been asked to spell the numbers.

> **Modèle**
> *Il y a cent trente-sept livres de Jules Verne.*

Articles	Nombre d'articles
Livres de Jules Verne	137
Livres d'Ampâté Bâ	101
Dictionnaires français-anglais	299
Crayons	2.435
Cahiers	3.123
Stylos	6.782

1. _____

2. _____

3. _____

4. _____

5. _____

5 **La loterie** Imagine that you have won a million euros. List what you would like to buy and how much each item costs. Write out their prices.

_____

_____

_____

_____

_____

5B.1 Numbers 101 and higher (audio activities)

1   **Calcul**   Listen carefully and choose the result that corresponds to each equation.

_____ a. 1.031   _____ e. 500.000

_____ b. 901   _____ f. 200

_____ c. 4.300   _____ g. 3

_____ d. 459   _____ h. 333

2   **Les prix**   Listen to each statement and write the correct price next to each object.

1. le téléphone: _____ €

2. la maison: _____ €

3. l'équipe de baseball: _____ €

4. les cours de tennis: _____ €

5. une randonnée à cheval d'une semaine: _____ €

6. l'ordinateur: _____ €

3   **Le sport**   Look at the number of members of sporting clubs in France. Listen to these statements and decide whether each statement is **vrai** or **faux**.

	Nombre de membres
basket-ball	427.000
football	2.066.000
golf	325.000
handball	319.000
judo	577.000
natation	214.000
rugby	253.000
tennis	1.068.000

	Vrai	Faux
1.	○	○
2.	○	○
3.	○	○
4.	○	○
5.	○	○
6.	○	○

4   **Questions**   Answer each question you hear using the cue. Repeat the correct response after the speaker.

Modèle

You hear: Combien de personnes pratiquent la natation en France?
You see: 214.000
You say: Deux cent quatorze mille personnes pratiquent la natation en France.

1. 371
2. 880
3. 101
4. 412
5. 1.630
6. 129

5B.2 Spelling change -er verbs

1 **Au lycée** To complete Jean's e-mail, choose the logical verb for each sentence and write its correct form in the space provided.

Salut!

Ça va? Moi, je vais bien, mais il y a beaucoup de choses à faire cette semaine. Je/J' (1) _____ (espérer, nettoyer, acheter) beaucoup de livres pour mes cours. Bien sûr, mes professeurs (2) _____ (envoyer, répéter, préférer) les élèves qui travaillent beaucoup, alors je suis toujours à la bibliothèque. Les élèves (3) _____ (employer, payer, célébrer) beaucoup leur ordinateur pour étudier.

Matthieu, mon frère ne/n' (4) _____ (acheter, emmener, nettoyer) jamais la chambre. C'est pénible! Mais il (5) _____ (amener, espérer, protéger) avoir une bonne note en français, alors nous étudions ensemble. Je/J' (6) _____ (envoyer, célébrer, employer) mon anniversaire la semaine prochaine avec le club de français, et je vais inviter Matthieu.

Comment allez-vous? Est-ce que vous (7) _____ (envoyer, payer, acheter) mes CD préférés? Est-ce que vous (8) _____ (répéter, posséder, essayer) de venir ici bientôt?

Merci et à bientôt!

Jean

2 **Que font-ils?** Write sentences to describe what the people in the photos are doing. Use a variety of words from the list.

| acheter | essayer | payer |
| envoyer | nettoyer | répéter |

1.   2.   3.   4.

1. _____

2. _____

3. _____

4. _____

3 **La lettre** A classmate from your French class asks you to help with the letter he or she is writing to a pen-pal. Help by filling in the blanks with the appropriate verbs in the present tense.

acheter	considérer	espérer	payer	protéger
célébrer	envoyer	essayer	préférer	répéter

Bonjour!

J'étudie le français au lycée. J' (1) _____ que tu vas comprendre la lettre que j' (2) _____. Ici, les autres élèves (3) _____ utiliser leur e-mail, mais je pense qu'une lettre est plus personnelle.

Moi, j'aime la musique. J'adore chanter. Mes amis et moi, nous (4) _____ dans une salle de classe. Nous (5) _____ de préparer un concert pour la fin de l'année. Mes parents (6) _____ que ce n'est pas important, mais je ne suis pas d'accord. En plus, le lycée va (7) _____ pour le concert!

J'aime aussi la nature. Est-ce que tu (8) _____ la nature aussi? Ici, nous (9) _____ la journée de l'environnement.

Et toi, quand est-ce que tu (10) _____ ton billet d'avion pour venir me rendre visite?

Bon, au revoir!

4 **Répondez** Answer these questions using the cues provided.

1. À qui est-ce que vous envoyez des e-mails? (à mes amis et à mes professeurs)

   _____

2. Qu'est-ce que vous apportez en classe? (mon ordinateur et des crayons)

   _____

3. Qu'est-ce que votre professeur emploie? (des livres en français)

   _____

4. Qui préfère étudier à la bibliothèque? (les élèves sérieux)

   _____

5. Qui achète des CD de musique française? (mon cousin et moi)

   _____

6. Pourquoi les élèves répètent-ils les mots? (parce qu'ils / essayer d'avoir un bon accent)

   _____

7. Qui envoie des lettres à votre frère? (mes parents)

   _____

8. Qui célèbre la Révolution française? (nous)

   _____

5B.2 Spelling change -er verbs (audio activities)

1 Décrivez You will hear two statements for each drawing. Choose the one that corresponds to the drawing.

1. a. _____ b. _____ 2. a. _____ b. _____ 3. a. _____ b. _____ 4. a. _____ b. _____

2 Conjuguez Form a new sentence using the cue you hear as the subject. Repeat the correct response after the speaker. (*6 items*)

> **Modèle**
>
> *You hear:* Vous ne payez pas maintenant? (tu)
> *You say:* Tu ne payes/paies pas maintenant?

3 Transformez Change each sentence from the immediate future to the present. Repeat the correct answer after the speaker. (*6 items*)

> **Modèle**
>
> *You hear:* Ils vont envoyer leurs papiers.
> *You say:* Ils envoient leurs papiers.

4 Identifiez Listen to each sentence and write the infinitive of the verb you hear.

> **Modèle**
>
> *You hear:* Monique promène le chien de sa sœur.
> *You write:* promener

1. _____   5. _____
2. _____   6. _____
3. _____   7. _____
4. _____   8. _____

Unité 5

PANORAMA

1 **Les photos** Label each photo.

1. _____ 2. _____ 3. _____ 4. _____

2 **Les Pays de la Loire** Answer these questions in complete sentences.

1. Quand le château de Chambord est-il construit (*built*)?

_____

2. Combien de pièces le château de Chambord possède-t-il?

_____

3. Quelle est la caractéristique des deux escaliers du logis central?

_____

4. Quel est l'autre nom de la vallée de la Loire?

_____

5. Qui inaugure le siècle des «rois voyageurs»?

_____

6. Quel est le nom des trois châteaux les plus visités (*the most visited*)?

_____

3 **Les attractions** Complete the sentences with the correct words.

1. Le Printemps de _____ est un festival de musique.

2. À ce festival de musique, il y a des _____ de spectacles et des _____

de spectateurs.

3. Les 24 heures du _____ est une course d'_____.

4. Cette course existe depuis _____.

5. La vigne est cultivée dans la vallée de la Loire depuis l'an _____.

6. Les vignerons produisent _____ de bouteilles par an.

4   **Vrai ou faux?** Indicate whether these statements are **vrai** or **faux**. Correct the false statements.

1. La viticulture est une des principales industries du Centre.

   _____

2. La ville des Sables-d'Olonne est située dans un département des Pays de la Loire.

   _____

3. George Sand est un homme. C'est un inventeur.

   _____

4. Louis XIV influence l'architecture du château de Chambord.

   _____

5. François Ier va de château en château avec sa famille.

   _____

6. Au Printemps de Bourges, tous les styles de musique sont représentés.

   _____

7. Yves Montand est un écrivain.

   _____

8. 75% des vins français sont produits dans la vallée de la Loire.

   _____

5   **Le mot mystère** Complete these definitions and fill in the corresponding spaces in the grid to find out the mystery word.

1. C'est le nom d'une dynastie de rois.
2. C'est une célèbre marque de voiture; ce n'est pas Ferrari.
3. C'est une femme écrivain du XIXe siècle.
4. C'est le style de nombreux châteaux de la vallée de la Loire.
5. C'est le mois du Printemps de Bourges.
6. C'est l'industrie principale du Centre.

7. C'est un acteur célèbre.
8. C'est une ville dans la région du Centre.
9. C'est le nom d'un chanteur au Printemps de Bourges.
10. C'est une sorte de vin.
11. C'est le nom d'un château de la Loire.
12. C'est le nom de la personne qui fait le vin.

Mot mystère: C'est le nom d'un célèbre peintre du XVIe siècle. Il a travaillé (*worked*) pour François Ier.

Unité 6

CONTEXTES

Leçon 6A

1   **Trouvez des paires** List pairs of words that are related in meaning. Do not repeat the items from the model.

l'adolescence	l'enfance	marié(e)
l'âge adulte	un gâteau	la mort
un biscuit	un hôte	la vie
célibataire	des invités	la vieillesse
le divorce	le mariage	

Modèle

le mariage, le divorce

1. _____   4. _____

2. _____   5. _____

3. _____   6. _____

2   **Logique ou illogique?** Indicate whether each one of these sentences is **logique** or **illogique**.

	Logique	Illogique
1. Noémie va faire une surprise à sa sœur pour son anniversaire.	O	O
2. Gilles est amoureux d'une feuille de papier.	O	O
3. Abdel et Nora ne sont plus ensemble; ils sont divorcés.	O	O
4. M. Lominé va prendre rendez-vous avec sa copine pour aller au cinéma.	O	O
5. On prend sa retraite à l'âge de 13 ans.	O	O
6. Quel est votre état civil: célibataire, marié(e), veuf/veuve ou divorcé(e)?	O	O
7. Y a-t-il des glaçons pour le punch?	O	O
8. La fiancée du chat est un oiseau.	O	O

3   **Les étapes de la vie** Label each of these images with the appropriate stage of life.

1. _____   2. _____   3. _____

4. _____   5. _____   6. _____

4 **Une invitation** Laurent is organizing a celebration for his birthday. Complete the e-mail he wrote to his friend Marguerite making any necessary changes.

bonheur	férié	fiancé	jus de pomme
cadeau	fêter	gâteau	organiser

Marguerite,

Vendredi est un jour (1) _____ et donc, c'est l'occasion de (2) _____ mon anniversaire. C'est moi qui (3) _____, alors, est-ce que tu peux apporter des cannettes (*cans*) de Coca et des bouteilles de (4) _____? Eh, pas besoin d'apporter un (5) _____ ou un (6) _____, d'accord?

Merci d'avance et à bientôt,

Laurent

tél. 01.87.95.23.41

5 **Citations** Choose an appropriate word from the list to complete each quote.

_____ 1. L'argent ne fait pas le _____.

_____ 2. Le respect est le lien de l' _____.

_____ 3. Une vie sans _____ est une vie sans soleil.

_____ 4. Un _____ heureux est une longue conversation qui semble toujours trop brève.

_____ 5. La _____ est comme on la fait.

_____ 6. La _____ est le temps qu'on a devant soi (*oneself*).

_____ 7. Aimer, ce n'est pas se regarder l'un l'autre, c'est regarder _____ dans la même direction.

a. jeunesse

b. amitié

c. amour

d. bonheur

e. vie

f. ensemble

g. mariage

6 **Des questions** Answer these questions in complete sentences.

1. Est-ce que vous aimez faire la fête? Pourquoi?

_____

2. Est-ce que vous organisez des fêtes pour vos copains?

_____

3. Comment fêtez-vous votre anniversaire?

_____

4. Quel est votre jour férié préféré? Pourquoi?

_____

5. Est-ce que vous avez parfois des invités chez vous? Quand?

_____

6. Avez-vous déjà fait une surprise à quelqu'un? À qui?

_____

Nom _____   **Date** _____

CONTEXTES: AUDIO ACTIVITIES

1 Logique ou illogique? You will hear some statements. Decide if each one is **logique** or **illogique**.

	Logique	Illogique			Logique	Illogique
1.	○	○		5.	○	○
2.	○	○		6.	○	○
3.	○	○		7.	○	○
4.	○	○		8.	○	○

2 Choisissez For each drawing you will hear three statements. Choose the one that corresponds to the drawing.

1. a.   b.   c.   2. a.   b.   c.   3. a.   b.   c.   4. a.   b.   c.

3 L'anniversaire Listen as Véronique talks about a party she has planned. Then answer the questions.

1. Pour qui Véronique organise-t-elle une fête?

_____

2. Quand est cette fête?

_____

3. Pourquoi est-ce qu'on organise cette fête?

_____

4. Qui Véronique invite-t-elle?

_____

5. Qui achète le cadeau?

_____

6. Qui apporte de la musique?

_____

7. Le gâteau est à quoi?

_____

8. Qu'est-ce que les invités vont faire à la fête?

_____

LES SONS ET LES LETTRES

Open vs. closed vowels: Part 2

The letter combinations **au** and **eau** are pronounced like the vowel sound in the English word *coat*, but without the glide heard in English. These are closed o sounds.

cha**u**d   **au**ssi   bea**u**coup   tabl**eau**

When the letter o is followed by a consonant sound, it is usually pronounced like the vowel in the English word *raw*. This is an open o sound.

h**o**mme   téléph**o**ne   **o**rdinateur   **o**range

When the letter o occurs as the last sound of a word or is followed by a *z* sound, such as a single s between two vowels, it is usually pronounced with the closed o sound.

tr**o**p   hér**o**s   r**o**se   ch**o**se

When the letter o has an **accent circonflexe**, it is usually pronounced with the closed o sound.

dr**ô**le   bient**ô**t   p**ô**le   c**ô**té

1 **Prononcez** Répétez les mots suivants à voix haute.

1. rôle   4. chaud   7. oiseau   10. nouveau
2. porte   5. prose   8. encore   11. restaurant
3. dos   6. gros   9. mauvais   12. bibliothèque

2 **Articulez** Répétez les phrases suivantes à voix haute.

1. En automne, on n'a pas trop chaud.
2. Aurélie a une bonne note en biologie.
3. Votre colocataire est d'origine japonaise?
4. Sophie aime beaucoup l'informatique et la psychologie.
5. Nos copains mangent au restaurant marocain aujourd'hui.
6. Comme cadeau, Robert et Corinne vont préparer un gâteau.

3 **Dictons** Répétez les dictons à voix haute.

1. Tout nouveau, tout beau.   2. La fortune vient en dormant.

4 **Dictée** You will hear six sentences. Each will be read twice. Listen carefully and write what you hear.

1. _____
2. _____
3. _____
4. _____
5. _____
6. _____

Roman-photo

Avant de regarder

1   **Qu'est-ce qui se passe?**   Look at the video still. What are the people doing? Consider the title and the photo, and guess what will happen in this episode.

_____
_____
_____
_____
_____

En regardant la vidéo

2   **Les desserts**   Watch the scene about Sandrine's phone call, and place a check mark next to the desserts Sandrine mentions to Pascal.

❑   1.   de la glace

❑   2.   une mousse au chocolat

❑   3.   un gâteau d'anniversaire

❑   4.   une tarte aux pommes

❑   5.   des biscuits

❑   6.   des éclairs

❑   7.   des bonbons

3   **Qui...?**   Indicate which character says each of these lines. Write S for Sandrine or V for Valérie.

_____ 1. On organise une fête surprise au P'tit Bistrot.

_____ 2. Mais non, il n'est pas marié.

_____ 3. Stéphane va bientôt arriver.

_____ 4. Oh là là! Tu as fait tout ça pour Stéphane?

_____ 5. Tu es un ange!

_____ 6. J'adore faire la cuisine.

_____ 7. Je t'aide à apporter ces desserts?

_____ 8. Désolée, je n'ai pas le temps de discuter.

4 **À la boutique** Choose the option that correctly completes each sentence.

1. Astrid a acheté _____ comme cadeau pour Stéphane.
   a. un stylo   b. un gâteau   c. une calculatrice
2. Astrid a aussi acheté _____ pour Stéphane.
   a. des livres   b. des bonbons   c. des bandes dessinées
3. Ces cadeaux sont _____.
   a. de vrais cadeaux   b. une blague (*joke*)   c. très chers
4. La montre que Rachid et Astrid achètent coûte _____.
   a. 40 €   b. 50 €   c. 100 €
5. La vendeuse fait _____.
   a. un paquet cadeau   b. la fête   c. une erreur d'addition

Après la vidéo

5 **Vrai ou faux?** Indicate whether each of these statements is **vrai** or **faux**.

	Vrai	Faux
1. Stéphane a 18 ans.	○	○
2. Rachid a l'idée d'acheter une montre pour Stéphane.	○	○
3. Amina apporte de la glace au chocolat à la fête.	○	○
4. Stéphane pense qu'il va jouer au foot avec Rachid.	○	○
5. Astrid et Amina aident à décorer.	○	○
6. Stéphane va aimer tous ses cadeaux.	○	○

6 **Sommaire** Briefly describe the events in this episode from the perspectives of the people listed below. Write at least two sentences for each one.

Sandrine: _____

_____

_____

Valérie: _____

_____

_____

Astrid: _____

_____

_____

7 **À vous!** Make a list of things you do to throw a party. Mention at least six different activities.
Pour préparer une fête, ...

_____

_____

_____

_____

_____

Flash culture

LES FÊTES

Avant de regarder

1 **Vocabulaire supplémentaire** Look over these words and expressions before you watch the video.

carnaval	*carnival*	magnifique	*magnificent*
célèbre	*famous*	Noël	*Christmas*
chevaux	*horses*	Pâques	*Easter*
le jour de l'an	*New Year's Day*	partout	*everywhere*
la fête nationale	*national holiday*	presque toutes	*almost all*
incroyable	*incredible*		

2 **Vos fêtes préférées** In this video, you will learn about French holidays and festivals. In preparation, answer these questions about two of your favorite holidays or festivals.

Quelles sont vos fêtes préférées? Comment est-ce que vous célébrez ces fêtes chez vous?

1. fête: _____

   traditions: _____

   _____

   _____

   _____

2. fête: _____

   traditions: _____

   _____

   _____

   _____

En regardant la vidéo

3 **Dans quel ordre?** Number these items as they appear on-screen.

_____ a. des chevaux

_____ b. des danseuses

_____ c. des enfants

_____ d. des légumes

_____ e. des musiciens qui jouent

4 **Les fêtes** What holiday or festival does each image represent?

1. _____

2. _____

3. _____

4. _____

5. _____

6. _____

a. le jour de l'an
b. la fête nationale
c. Noël
d. la fête de la Musique
e. Pâques
f. le festival de théâtre d'Avignon

5 **Répondez** Complete these sentences with words from the list according to what Benjamin says.

décembre	juillet	premier
janvier	juin	printemps

1. Le premier _____, c'est le jour de l'an.

2. Au _____, on célèbre Pâques.

3. Le quatorze _____, c'est la fête nationale.

4. Le vingt-cinq _____, c'est Noël.

5. Au mois de _____, on célèbre la fête de la musique.

Après la vidéo

6 **Vrai ou faux?** Indicate whether these statements are **vrai** or **faux**.

	Vrai	Faux
1. On célèbre la fête de la musique seulement à Paris.	O	O
2. Il y a beaucoup de fêtes en France.	O	O
3. Le festival d'Avignon est un festival de danse.	O	O
4. Le festival de théâtre est à Nice.	O	O
5. Chaque année, Aix-en-Provence organise un carnaval.	O	O

7 **À vous!** Imagine that you just visited France during one of the holidays mentioned in the video. Write a short letter to a friend telling him or her about what you saw and did.

_____

_____

_____

_____

_____

STRUCTURES

6A.1 Demonstrative adjectives

1 **Vive la retraite!** Complete Annick and Pascal's conversation about an upcoming retirement party for their grandfather by selecting **ce**, **cet**, **cette**, or **ces**.

ANNICK Et si on fêtait la retraite de pépé avec ses amis?

PASCAL C'est génial comme idée! Il faut aussi inviter maman et papa à (1) _____ (ce/cette) fête.

ANNICK Ah, oui, bien sûr. Alors, quand? (2) _____ (Ce/Cette) week-end?

PASCAL Bon, d'accord. On va faire une surprise! Samedi après-midi, à quatre heures?

ANNICK À (3) _____ (cet/cette) heure-là, on n'a pas faim. Pourquoi pas à six heures du soir?

PASCAL Bonne idée. Si on invitait (*What if we invited*) son ami du bureau?

ANNICK (4) _____ (Cet/Ce) ami, il s'appelle Laurent Tallieu, non? Je vais téléphoner au bureau.

PASCAL Tous les invités peuvent lui donner (*can give him*) des cadeaux.

ANNICK Ah, non, tous (5) _____ (ce/ces) cadeaux! C'est trop! Tout le groupe va acheter un cadeau collectif.

PASCAL D'accord. Mais c'est toi qui va faire la collecte auprès de (*collect from*) tous (*everybody*) (6) _____ (ces/cet) invités!

2 **Impressions sur la fête** Complete what people are saying at a party with an expression using a form of **ce** and a noun. Refer to the photos for clues about which nouns to use.

> **Modèle**
>
> *Cette fête* est super! Il y a plein de monde (*lots of people*) ici.

1. Et _____-ci, c'est pour Apolline?

2. Beurk! _____ n'est pas bonne!

3. _____-ci a l'air très bonne!

4. _____ sont des caramels.

5. _____ sont gazeuses.

6. _____ est vraiment extraordinaire.

3 **Ci et là** Complete each sentence with either **ci** or **là**.

1. Cette année-_____, on va fêter l'anniversaire de Nino au Café Cézanne.

2. Vous payez le loyer (*rent*) de ce mois- _____ ou du mois prochain?

3. Sandra, quel gâteau est-ce que tu préfères: ce gâteau-ci ou ce gâteau- _____?

4. Nous achetons cette glace-_____, au chocolat; non, cette glace-là, à la vanille.

5. Ces biscuits-ci sont bons, mais ces biscuits-_____ sont mauvais.

4 **Faites des phrases** Use the expressions in the columns to write logical sentences. Use each entry at least once.

ce	après-midi	on va fêter l'anniversaire d'Hervé
cet	cadeau	vont sur la table
cette	choses	est petit mais il est sympa
ces	glace	est parfumée (*flavored*) au chocolat
	glaçons	sont pour les boissons

1. _____

2. _____

3. _____

4. _____

5. _____

5 **À vous!** Respond to the questions with information about yourself. Write complete sentences.

1. Est-ce que vous allez fêter votre anniversaire cette année-ci?

_____

2. Est-ce que vous allez sortir avec des copains ce week-end?

_____

3. Est-ce que vous allez assister à une fête cette semaine?

_____

4. Est-ce que vous allez inviter des copains chez vous ce soir?

_____

5. Est-ce que vous allez suivre (*take*) des cours, travailler ou faire la fête cet été?

_____

6A.1 Demonstrative adjectives (audio activities)

1 **La fête** You are at a party. Listen to what the guests have to say about the party, and mark an **X** in the column of the demonstrative adjective you hear.

> **Modèle**
>
> *You hear:* J'adore ces petits gâteaux au chocolat.
> *You mark:* an **X** under **ces**

	ce	cet	cette	ces
Modèle				X
1.				
2.				
3.				
4.				
5.				
6.				
7.				
8.				

2 **Changez** Form a sentence using the cue you hear. Repeat the correct answer after the speaker. (*6 items*)

> **Modèle**
>
> des biscuits
> Je vais acheter *ces biscuits*.

3 **Transformez** Form a new sentence using the cue. Repeat the correct response after the speaker.

> **Modèle**
>
> *You hear:* J'aime ces bonbons.
> *You see:* fête
> *You say:* J'aime *cette* fête.

1. dessert   3. hôte   5. eaux minérales
2. glace   4. mariage   6. sandwich

4 **Demandez** Answer each question you hear in the negative. Repeat the correct answer after the speaker. (*6 items*)

> **Modèle**
>
> Tu aimes cette glace?
> Non, je n'aime pas *cette glace-ci*, j'aime *cette glace-là*.

6A.2 The passé composé with avoir

1 **À la fête de Julie** Decide whether each sentence describes something that could have happened at Julie's party or if it is more likely to have happened elsewhere (**ailleurs**).

C'est arrivé…	à la fête de Julie	ailleurs
1. Sylvain et Cristelle ont dansé toute la nuit.	○	○
2. Julie a adoré ses cadeaux d'anniversaire.	○	○
3. Julie a passé un examen.	○	○
4. David a joué de la guitare et moi, j'ai chanté.	○	○
5. Tu as nettoyé toutes les fenêtres de la maison.	○	○
6. Nous avons fait du ski.	○	○
7. Vous avez rencontré tous les amis de Julie.	○	○
8. J'ai laissé un pourboire à Julie.	○	○
9. Augustin a pris des photos de tout le monde.	○	○
10. Quelle surprise! Julie n'a pas tout de suite compris que c'était (*it was*) une fête pour elle.	○	○

2 **À votre tour** Now tell what else happened at Julie's party, using the images as clues.

> **Modèle**
>
> Rémy et Dylan n'ont pas *bu de champagne.*

1. Nous avons _____ à Julie.

2. Tu n'as pas _____.

3. Marguerite a _____ dans la chambre de Julie pendant que nous dansions (*while the rest of us danced*).

4. Il a _____ toute la nuit. On n'a pas pu (*couldn't*) sortir dans le jardin.

5. Vous avez _____ _____ de Martine et d'Angèle.

6. Théo et Jean-Paul ont trop _____ _____.

3 **La sortie catastrophique** Complete the paragraph with appropriate past participles from the list.

cherché	été	organisé	payé
couru	fait	oublié	pris

J'ai (1) _____ une sortie (*outing*) pour mes copains, samedi dernier. Pour commencer,

Fred a (2) _____ jusqu'au restaurant parce qu'il était en retard (*was late*). On a tous

(3) _____ des pizzas. Josiane et Simon n'ont pas aimé. Nous avons (4) _____

une surprise à Fred avec un gâteau au chocolat pour son anniversaire. Et bien, il paraît (*it appears*)

qu'il est allergique au chocolat. C'est moi qui ai (5) _____ ce gâteau et ces pizzas. Après

(*Afterwards*), Chloé a (6) _____ son sac au restaurant et nous avons (7) _____

ce sac pendant (*for*) une heure! Marlène n'a pas (8) _____ très sympa avec Chloé, et puis

(*then*) tout le monde est rentré (*returned*) en colère (*angry*) à la maison.

4 **Des questions** Write out a question that could elicit each response.

> **Modèle**
> *Vous n'avez pas aimé la fête de l'année dernière?*
> Mais si! J'ai beaucoup aimé cette fête.

1. _____

   J'ai apporté du jus de pomme et des biscuits.

2. _____

   On a dîné dans un resto, et puis (*then*) on a regardé un film au ciné.

3. _____

   Ah, non, malheureusement. Et j'ai eu une mauvaise note!

4. _____

   Oui, il a fallu nettoyer toute la maison.

5. _____

   Non, j'ai pris une part (*piece*) de gâteau.

6. _____

   Oui, mais il a plu cet après-midi.

6A.2 The passé composé with avoir (audio activities)

1 Identifiez Listen to each sentence and decide whether the verb is in the **présent** or the **passé composé**. Mark an **X** in the appropriate column.

> **Modèle**
> *You hear:* Tu as fait tout ça?
> *You mark:* an **X** under **passé composé**

	présent	passé composé
Modèle		X
1.		
2.		
3.		
4.		
5.		
6.		
7.		
8.		

2 Changez Change each sentence from the présent to the passé composé. Repeat the correct answer after the speaker. (*8 items*)

> **Modèle**
> J'apporte la glace.
> J'ai apporté la glace.

3 Questions Answer each question you hear using the cue. Repeat the correct response after the speaker.

> **Modèle**
> *You hear:* Où as-tu acheté ce gâteau?
> *You see:* au marché
> *You say:* J'ai acheté ce gâteau au marché.

1. avec Élisabeth   3. oui   5. non   7. oui
2. Marc et Audrey   4. non   6. oui   8. Christine et Alain

4 C'est prêt? Listen to this conversation between Virginie and Caroline. Make a list of what is already done and a list of what still needs to be prepared.

Est déjà préparé _____

_____

N'est pas encore préparé _____

Unité 6

CONTEXTES

Leçon 6B

1   **Chassez l'intrus**   In each set, two of the articles of clothing usually touch each other when they're being worn. Circle the item in each set that doesn't normally touch the others.

    1. des baskets, un sac à main, des chaussettes

    2. une ceinture, un pantalon, des lunettes de soleil

    3. une casquette, un jean, un tee-shirt

    4. une jupe, un chemisier, une chaussure

    5. un chapeau, un sous-vêtement, une robe

    6. des gants, un manteau, des chaussettes

2   **En quelle saison?**   Name five articles of clothing that you would typically wear in the summer and five that you would typically wear in the winter.

        En été, on porte...   **En hiver, on porte...**

    1. _____   1. _____

    2. _____   2. _____

    3. _____   3. _____

    4. _____   4. _____

    5. _____   5. _____

3   **Qu'est-ce que vous portez?**   Tell what items of clothing you would wear to these places. List as many articles as you can.

> **Modèle**
>
> au lycée: un short, un tee-shirt, des chaussettes, des baskets, une montre et un sac à dos

    1. au bureau: _____

       _____

    2. à l'église: _____

       _____

    3. à la piscine: _____

       _____

    4. sur les pistes (*slopes*) de ski: _____

       _____

    5. à une fête: _____

       _____

    6. au gymnase: _____

       _____

    7. dans un avion (*airplane*): _____

       _____

    8. au parc: _____

       _____

4 **Une personne raisonnable** Indicate whether a reasonable person likes or doesn't like these things.

	Elle aime...	Elle n'aime pas...	
1.	○	○	les soldes.
2.	○	○	les vêtements bon marché.
3.	○	○	les vêtements trop chers.
4.	○	○	porter un pull trop large avec un blouson serré.
5.	○	○	les vendeurs polis.
6.	○	○	porter des vêtements à sa taille.

5 **De quelle couleur?** Complete each description with a logical color.

1. Les ballons de basket sont _____.

2. Le chocolat est _____.

3. Les ordinateurs sont souvent _____.

4. Les canaris sont souvent _____.

5. Le lait est _____.

6. Les fruits sont souvent _____.

7. Le ciel (*sky*) est _____.

8. Les fleurs sont parfois _____.

6 **Les goûts des autres** Describe what Mme Blay and M. Morande are wearing at the park today. Do you think they have good taste (**bon goût**) or bad taste (**mauvais goût**)? Justify your opinion. Write at least six complete sentences using the expressions from the list.

aller avec	court(e)	laid	large	long	porter	trop

_____

_____

_____

_____

_____

_____

CONTEXTES: AUDIO ACTIVITIES

1 **Logique ou illogique?** Listen to each statement and indicate if it is **logique** or **illogique**.

	Logique	Illogique			Logique	Illogique
1.	○	○		5.	○	○
2.	○	○		6.	○	○
3.	○	○		7.	○	○
4.	○	○				

2 **Choisissez** Listen as each person talks about the clothing he or she needs to buy, then choose the activity for which the clothing would be appropriate.

1. a. voyager en été   b. faire du ski en hiver
2. a. marcher à la montagne   b. aller à la piscine l'été
3. a. faire de la planche à voile   b. faire du jogging
4. a. aller à l'opéra   b. jouer au golf
5. a. partir en voyage   b. faire une randonnée
6. a. faire une promenade   b. faire de l'aérobic

3 **Questions** Respond to each question saying the opposite. Repeat the correct answer after the speaker. (6 *items*)

> **Modèle**
> Cette écharpe est-elle longue?
> Non, *cette écharpe est courte.*

4 **Quelle couleur?** Respond to each question using the cues. Repeat the correct answer after the speaker.

> **Modèle**
> *You hear:* De quelle couleur est cette chemise?
> *You see:* vert
> *You say:* Cette chemise est verte.

1. gris   2. bleu   3. violet   4. marron   5. blanc   6. jaune

5 **Décrivez** You will hear some questions. Look at the drawing and write the answer to each question.

Sylvie   Corinne

_____
_____
_____
_____

LES SONS ET LES LETTRES

Open vs. closed vowels: Part 3

The letter combination eu can be pronounced two different ways, open and closed. Compare the pronunciation of the vowel sounds in these words.

    chev**eu**x   nev**eu**   h**eu**re   meill**eu**r

When eu is followed by a pronounced consonant, it has an open sound. The open eu sound does not exist in English. To pronounce it, say è with your lips only slightly rounded.

    p**eu**r   j**eu**ne   chant**eu**r   b**eu**rre

The letter combination œu is usually pronounced with an open eu sound.

    s**œu**r   b**œu**f   **œu**f   ch**œu**r

When eu is the last sound of a syllable, it has a closed vowel sound, similar to the vowel sound in the English word *full*. While this exact sound does not exist in English, you can make the closed eu sound by saying é with your lips rounded.

    d**eu**x   bl**eu**   p**eu**   mi**eu**x

When eu is followed by a z sound, such as a single s between two vowels, it is usually pronounced with the closed eu sound.

    chant**eu**se   génér**eu**se   séri**eu**se   curi**eu**se

1   **Prononcez** Répétez les mots suivants à voix haute.

    1. leur   4. vieux   7. monsieur   10. tailleur

    2. veuve   5. curieux   8. coiffeuse   11. vendeuse

    3. neuf   6. acteur   9. ordinateur   12. couleur

2   **Articulez** Répétez les phrases suivantes à voix haute.

    1. Le professeur Heudier a soixante-deux ans.

    2. Est-ce que Matthieu est jeune ou vieux?

    3. Monsieur Eustache est un chanteur fabuleux.

    4. Eugène a les yeux bleus et les cheveux bruns.

3   **Dictons** Répétez les dictons à voix haute.

    1. Qui vole un œuf, vole un bœuf.

    2. Les conseilleurs ne sont pas les payeurs.

4   **Dictée** You will hear four sentences. Each will be read twice. Listen carefully and write what you hear.

    1. _____

    2. _____

    3. _____

    4. _____

Roman-photo

L'ANNIVERSAIRE

Avant de regarder

1 **À la fête** List the kinds of things people might do and say at a birthday party.

_____
_____
_____
_____
_____

En regardant la vidéo

2 **Complétez** Watch this video segment and complete these sentences with words from the list.

Aix-en-Provence	jupe	robe	soie
coton	Paris	Sandrine	Washington

1. C'est _____ qui a presque tout préparé pour la fête.

2. David n'est pas à la fête parce qu'il visite _____ avec ses parents.

3. Les parents de David sont de _____.

4. Amina va emprunter la _____ de Sandrine.

5. Sandrine va emprunter la _____ d'Amina.

6. La jupe d'Amina est en _____.

3 **Qui...?** Indicate which character says each of these lines. Write **A** for Amina, **As** for Astrid, **R** for Rachid, **S** for Sandrine, **St** for Stéphane, or **V** for Valérie.

_____ 1. Alors là, je suis agréablement surpris!

_____ 2. Bon anniversaire, mon chéri!

_____ 3. On a organisé cette surprise ensemble.

_____ 4. Alors cette année, tu travailles sérieusement, c'est promis?

_____ 5. Dix-huit ans, c'est une étape importante dans la vie!

_____ 6. Et en plus, vous m'avez apporté des cadeaux!

_____ 7. David est désolé de ne pas être là.

_____ 8. Cet ensemble, c'est une de tes créations, n'est-ce pas?

_____ 9. Ces gants vont très bien avec le blouson! Très à la mode!

_____ 10. La littérature, c'est important pour la culture générale!

_____ 11. Une calculatrice? Rose? Pour moi?

_____ 12. C'est pour t'aider à répondre à toutes les questions en maths.

_____ 13. Tu as aimé notre petite blague?

_____ 14. Vous deux, ce que vous êtes drôles!

4   **De quelle couleur?** What color are these objects from the video?

1. Les gants de Stéphane sont _____.

2. Le tee-shirt d'Amina est _____.

3. La robe de Sandrine est _____.

4. Le blouson de Stéphane est _____.

5. Le chemisier de Valérie est _____.

6. La jupe d'Amina est _____.

7. La calculatrice de Stéphane est _____.

8. Les ballons sont _____.

Après la vidéo

5   **Mettez-les dans l'ordre!** Number these events in the order in which they occur in the video.

_____ a. On souhaite à Stéphane un joyeux anniversaire.

_____ b. Stéphane ouvre ses cadeaux.

_____ c. Amina admire la robe de Sandrine.

_____ d. Stéphane arrive au P'tit Bistrot.

_____ e. On coupe le gâteau d'anniversaire.

6   **Que font-ils?** What do these people give to Stéphane or do for him for his birthday?

1. Sandrine: _____

_____

2. Valérie: _____

_____

3. Rachid et Astrid: _____

_____

7   **À vous!** Write a description of a birthday party you've had or that you've attended. Describe the people who were there and what they did. What foods were served? What did people wear? What gifts were given?

_____

_____

_____

_____

_____

_____

_____

_____

STRUCTURES

6B.1 Indirect object pronouns

1 **Des devinettes** Solve these riddles (**devinettes**). Answers may be used more than once.

_____ 1. Vous leur envoyez des e-mails.   a. vos amis

_____ 2. On lui pose des questions.   b. des vendeurs

_____ 3. Ils vous donnent des cadeaux d'anniversaire.   c. votre mère

_____ 4. Vous leur demandez d'apporter des vêtements.   d. le prof de français

_____ 5. Elle vous a donné le jour (*brought you into the world*).

_____ 6. Il vous donne des notes.

_____ 7. Ils vous prêtent de l'argent parfois.

_____ 8. Vous leur donnez de l'argent pour payer vos vêtements.

2 **Des objets indirects** Circle the indirect objects in these sentences. If a sentence has an indirect object (not all of them do), rewrite it using the appropriate indirect object pronoun.

1. Chaque hiver, j'envoie un pull à ma sœur par la poste (*mail*).

   _____

2. Isabelle et moi essayons parfois des robes de mariées à la Boutique Blanche.

   _____

3. Nous posons des questions aux vendeurs.

   _____

4. Il faut payer les vêtements à la caisse (*at the register*).

   _____

5. Tu vas montrer ton nouveau pantalon à ta mère?

   _____

6. Je vais donner cette montre à mon père pour son anniversaire.

   _____

3 **Des extraits de conversations** Complete these conversations in a department store with appropriate indirect object pronouns.

1. **LE PÈRE** Ah, non, il n'est pas beau, ce pantalon!

   KEVIN Eh bien, je ne _____ ai pas demandé ton avis (*opinion*).

2. **VIRGINIE** Non, c'est non. Je ne vais pas te prêter de l'argent pour acheter ça!

   RODRIGUE Mais tu _____ as prêté de l'argent hier, pourquoi pas aujourd'hui?

3. **LA MÈRE** Alors, tu lui demandes de _____ apporter une taille plus grande (*larger*).

   KEVIN Mais, non, maman! Je ne vais pas lui demander de faire ça.

4. **MÉLANIE** Mais, maman! papa! Vous ne m'achetez pas la jupe? Pourquoi?

   LA MÈRE Tu _____ as parlé hier d'une jupe, non d'une micro-jupe!

5. **LA VENDEUSE** Madame, est-ce que je _____ montre la robe en taille 40?

   MME NOIRET Oui. J'aimerais (*I would like*) l'essayer.

6. **LE VENDEUR** Vous _____ avez posé une question, Monsieur?

   M. PINEAU Ah, oui. Je voulais savoir si (*I wanted to know if*) vous avez ça en 48?

4 **Méli-mélo** Unscramble each of these sentences.

1. téléphones / ne / souvent / pas / tu / très / me

_____

2. va / expliquer / il / le / nous / problème

_____

3. tu / parles / lui / ne / pourquoi / pas

_____

4. Rodrigue / n' / prêter / de / aime / l' / pas / argent / leur

_____

5. ne / laissé / pourboire / Mireille / a / pas /de / lui

_____

6. quelque chose / je / montrer / te / vais

_____

5 **Vos habitudes** Answer these questions about your personal habits. In each sentence, use the expression depicted by the illustration, and replace the indirect object with an indirect object pronoun.

1. Est-ce que vous souvent à vos parents?

_____

2. Est-ce que vous à votre meilleur(e) (*best*) ami(e)?

_____

3. Est-ce que vous à vos amis?

_____

4. Est-ce que vous au prof de français quand vous êtes en classe?

_____

6 **Victimes de la mode?** Carine and Lolo are talking about how they and their friends like to dress. Complete their conversation with appropriate disjunctive pronouns.

1. Tu kiffes (*like*) les blousons en jean? _____ aussi, je kiffe!

2. Sylvain, il est vachement (*terribly*) beau dans son pantalon en cuir! Tu ne trouves pas, _____?

3. Marie-Line? C'est bien _____ qui porte cette jupe hyper sexy?

4. Mais leurs tee-shirts sont débiles (*lame*)! Ils n'ont aucun goût (*no taste*), _____!

5. Sylvain a plein de trucs (*lots of things*) sympas! Il a bon goût, _____.

6. Ouais (*Yeah*), Stéphanie et Christine ont des fringues (*gear*) géniales, _____.

6B.1 Indirect object pronouns (audio activities)

1 **Choisissez** Listen to each question and choose the most logical response.

1. a. Oui, je lui ai montré ma robe.
   b. Oui, je leur ai montré ma robe.
2. a. Oui, je leur ai envoyé un cadeau.
   b. Oui, je vous ai envoyé un cadeau.
3. a. Non, je ne leur ai pas téléphoné.
   b. Non, je ne lui ai pas téléphoné.
4. a. Oui, nous allons leur donner cette cravate.
   b. Oui, nous allons lui donner cette cravate.
5. a. Non, il ne m'a pas prêté sa moto.
   b. Non, il ne t'a pas prêté sa moto.
6. a. Oui, ils vous ont répondu.
   b. Oui, ils nous ont répondu.

2 **Transformez** Aurore has been shopping. Say for whom she bought these items using indirect object pronouns. Repeat the correct answer after the speaker. (*6 items*)

> **Modèle**
> Aurore achète un livre à Audrey.
> Aurore lui *achète un livre.*

3 **Questions** Answer each question you hear using the cue. Repeat the correct response after the speaker.

> **Modèle**
> *You hear:* Tu poses souvent des questions à
>   tes parents?
> *You see:* oui
> *You say:* Oui, je leur *pose souvent des questions.*

1. non
2. une écharpe
3. des gants
4. non
5. non
6. à 8 heures

6B.2 Regular and irregular -re verbs

1 **À l'arrêt de bus** Guillaume is talking to Mme Lominé at the bus stop. Decide whether these sentences could be a logical part of their conversation (**oui**) or not (**non**).

	Oui	Non
1. Ça fait 45 minutes qu'on attend ici!	○	○
2. Ils ne répondent pas au téléphone avant 10h00 du matin.	○	○
3. Vous vendez des boissons, Madame?	○	○
4. Mais il n'arrive pas! Nous perdons notre temps ici.	○	○
5. On m'a dit qu'il est souvent en retard.	○	○
6. Je rends souvent visite à mon grand-père qui habite au Canada.	○	○

2 **Le samedi d'Adama** The illustrations show what Adama did last Saturday. Complete each description with the past participle of a verb.

1. 2. 3. 4.

1. Il a _____ un blouson avant de sortir.

2. Il a _____ l'horaire (*schedule*) des bus devant sa maison.

3. Il a _____ le bus pendant une heure mais il n'est pas venu (*didn't come*).

4. Il a _____ jusqu'à la maison de sa tante.

3 **Qu'est-ce qu'on met?** Complete these sentences with an appropriate form of **mettre** and an article of clothing.

> **Modèle**
>
> Quand il neige, je *mets un manteau.*

1. Quand il fait du soleil, Nadège _____.

2. Quand il pleut, Farid et moi _____.

3. Quand vous sortez avec des copains, vous _____.

4. Quand il fait froid, les filles _____.

5. Quand tu as une mauvaise coupe de cheveux (*haircut*), tu _____.

6. Quand je vais à la piscine, je _____.

4 C'est fou! Choose a verb from the list for each sentence about crazy things people do. Then give the appropriate form of the verb to complete the sentence. Each verb may be used more than once.

conduire	détruire	réduire
construire	produire	traduire

1. Ma grand-mère ne met pas ses lunettes quand elle _____.

2. Nous _____ une voiture en plastique dans notre garage.

3. Vous _____ un dictionnaire pour apprendre le français?

4. Ce n'est pas le mois des soldes, mais le grand magasin _____ ses prix.

5. Ils _____ leur maison dans un arbre (*tree*)?

6. Tu _____ ta maison pour construire un parking?

7. Marlène permet à ses enfants de _____ sa voiture.

8. Nous _____ 50 piñatas par jour dans notre maison.

5 Qu'est-ce qui vous fait sourire? Complete each statement about what makes people smile by filling in the appropriate present-tense form of **sourire**.

1. Nous _____ quand nous jouons avec notre chat, Minou.

2. Les élèves _____ quand ils ont de bonnes notes.

3. Le bébé _____ quand ses parents lui sourient.

4. Vous _____ quand il fait beau le samedi.

5. Je _____ quand je regarde des sitcoms à la télé.

6 Forum questions-réponses Answer these questions about yourself in complete sentences.

1. Est-ce que vous allez souvent dans les magasins avec vos copains?

_____

2. Est-ce que vous conduisez une voiture?

_____

3. Est-ce que vous répondez souvent aux questions du prof de français?

_____

4. Est-ce que vous riez parfois quand vous ne devez pas (*shouldn't*) rire?

_____

5. Est-ce que vous prenez le bus?

_____

6. Est-ce que vous rendez visite à vos amis qui habitent dans d'autres villes (*that live in other towns*)?

_____

6B.2 Regular and irregular -re verbs (audio activities)

1 **Identifiez** Listen to each sentence and write the infinitive form of the verb you hear.

> **Modèle**
> *You hear:* L'enfant sourit à ses parents.
> *You write:* sourire

1. _____ 5. _____
2. _____ 6. _____
3. _____ 7. _____
4. _____ 8. _____

2 **Changez** Form a new sentence using the cue you hear as the subject. Repeat the sentence after the speaker. (6 *items*)

> **Modèle**
> *You hear:* Elle attend le bus. (nous)
> *You say:* Nous attendons le bus.

3 **Répondez** Answer each question you hear using the cue. Repeat the correct response after the speaker.

> **Modèle**
> *You hear:* Quel jour est-ce que tu rends visite à tes parents?
> *You see:* le dimanche
> *You say:* Je rends visite à mes parents le dimanche.

1. non   3. oui   5. le mois dernier
2. une robe 4. non   6. trois

4 **Complétez** Listen to this description and write the missing words.

Le mercredi, je (1) _____ à mes grands-parents. Je ne (2) _____ pas, je prends le train. Je (3) _____ à Soissons, où mes grands-parents (4) _____. Quand ils (5) _____ le train arriver, ils (6) _____. Nous rentrons chez eux; nous ne (7) _____ pas de temps et nous déjeunons tout de suite. L'après-midi passe vite et il est déjà l'heure de reprendre le train. Je (8) _____ à mes grands-parents de leur (9) _____ bientôt. Ils ne (10) _____ pas non plus, alors j'appelle un taxi pour aller prendre mon train.

Unité 6

PANORAMA

Savoir-faire

1 **Des mots associés** Match each entry on the left with the one that is associated with it on the right.

_____ 1. des spectacles de gladiateurs   a. une reine (*queen*) de France

_____ 2. Montpellier et Nîmes   b. le Languedoc-Roussillon

_____ 3. «Los cats fan pas de chins.»   c. les arènes de Nîmes

_____ 4. Aliénor d'Aquitaine   d. Midi-Pyrénées

_____ 5. Toulouse   e. l'occitan

2 **Cherchez** Find the expressions described by the clues below in the grid, looking backward, forward, vertically, horizontally, and diagonally. Circle them in the puzzle, then write the words in the blanks.

```
L D S R W N O I Q L J B E I M
J A L É F T R I H C O J U J D
T A N Y Y D T F E R N M Q N Y
N X C G X G C G D G Y A S O N
V G A M U U D E G S D G A T Y
R C S A U E A M A M B V B S V
W U S M S U D C Z K V A E A M
E P O X X K C O S C V M N J V
H L U X P D R A C A Î Y A J A
R Z L O W K H F F N L R U B T
A C E I Q N H U H M V F L J Q
S H T S A D I R R O C Y P V É
X D K F K Z D K B P W V F G R
D I Z U M R D Y Î E Û C V L A
Z I L Q N D C V W M C Q C Y O
```

1. C'est une grande ville d'Aquitaine.

   _____

2. On appelle cette grotte «la chapelle Sixtine préhistorique».

   _____

3. Les arènes de cette ville ressemblent au Colisée de Rome.

   _____

4. La langue d'Oc a donné son nom à cette région.

   _____

5. Le Pays _____ est la région qui est à la frontière

   entre la France et l'Espagne.

6. Ce plat populaire ressemble un peu au «*pork and beans*» américain.

   _____

7. Ces spectacles ont lieu (*take place*) aujourd'hui dans les arènes de Nîmes.

   _____

3 **Qu'est-ce que c'est?** Label each photograph in French.

1. _____

2. _____

3. _____

4. _____

4 **Complétez les phrases** Supply the expression that is missing in each sentence about southwestern France.

1. _____, c'est le nom d'un artiste connu (*famous*) de la région Midi-Pyrénées.

2. Les fresques de la grotte de Lascaux ont pour sujet des _____.

3. On trouve le plus grand _____ de l'ère romaine en France, à Nîmes.

4. Périgueux est une ville de la région _____.

5. _____ est le nom d'un homme politique de la région Midi-Pyrénées.

6. Le sud-ouest de la France se situe entre l'océan Atlantique et la mer _____.

5 **Des fautes!** Your Canadian friend Norbert isn't good with details. Circle five mistakes in the e-mail that he wrote to you from France and correct the sentences by rewriting them on the lines that follow.

Ouaou! Je t'écris de Perpignan, une ville de la région qu'on appelle Midi-Pyrénées. Cette semaine, on va visiter des sites touristiques du sud-ouest (*southwest*) de la France. Pour commencer, jeudi, on va visiter la fameuse grotte de Lascaux, où l'on va apprécier des fresques mystérieuses qui sont vieilles de plus de 70 ans. Des adolescents ont découvert la grotte en 1940. Vendredi, on va assister à un match de rugby. (C'est un sport originaire de la région qu'on joue avec une balle en cuir et une raquette.) Samedi, on va faire un tour sur le canal du Midi et goûter (*taste*) des spécialités de la région, le pâté de luxe et le cassoulet. Et puis dimanche, on va assister à un spectacle musical aux arènes de Carcassonne. J'espère que tu vas bien.

À bientôt,
Norbert

1. _____

2. _____

3. _____

4. _____

5. _____

Unité 7

Leçon 7A

1 **Chassez l'intrus** Circle the item that does not belong in each set.

1. un arrêt de bus, une sortie, une station de métro, un aéroport
2. la station de ski, la mer, la plage, bronzer
3. un départ, une arrivée, un vol, un journal
4. faire les valises, bronzer, acheter un billet, prendre un train
5. la ville, la campagne, les vacances, la mer
6. le voyage, l'aéroport, la douane, l'avion
7. partir en vacances, prendre un jour de congé, travailler, faire un séjour
8. la douane, l'aéroport, le plan, le billet aller-retour

2 **Des mots brouillés** Unscramble the letters to reveal a nationality or country. Write each unscrambled name on the line after the clue.

> **Modèle**
>
> Au sud, le pays voisin des États-Unis, c'est le **EQMXIEU**. MEXIQUE

1. On associe les pandas et Jackie Chan à la **IHCEN**. _____
2. Aux **TSÉAT-SUIN**, on fête le 4 juillet. _____
3. Les habitants de l'**AILIET** mangent beaucoup de spaghettis. _____
4. Berlin est la capitale de l'**LAEGNAMLE**. _____
5. Au **PNAJO**, on prend des trains ultramodernes pour visiter des temples anciens. _____
6. Madrid est la capitale de l'**EPENGSA**. _____
7. La **ESSISU** est connue (*known*) pour ses montres, sa fondue et ses pistes (*slopes*) de ski.

   _____

8. Les **SAILARDNI** ont souvent les cheveux roux. _____
9. L'**LNIARDE** est une île (*island*) très verte, située à l'ouest de l'Angleterre. _____
10. La **QEBLEIGU** est un petit pays situé au nord-est (*northeast*) de la France. _____
11. Les **GSLBEE** apprécient beaucoup le chocolat, les moules (*mussels*) et les frites.

    _____

12. Les **NSIOIHC** ont inventé l'acuponcture. _____
13. Les **RISBNÉSLIE** fêtent leur fameux carnaval à Rio, chaque année. _____
14. Le **LBSIÉR** est un pays d'Amérique du Sud où l'on parle portugais. _____
15. Le **NDACAA** est situé au nord des États-Unis. _____
16. En **EREETRNGLA**, on mange du «*fish and chips*», mais aussi du curry. _____

3 **Les moyens de transport** Write the means of transportation the Lefèvres took while on vacation. Use the images as cues.

Ils ont pris...

1. _____   2. _____   3. _____   4. _____   5. _____

4 **Une carte postale** Complete the postcard from Alexis with the logical expressions in parentheses.

Je t'écris (I'm writing you) de Cassis! On est en (1) _____ (valises / vacances) depuis vendredi matin. On a (2) _____ (perdu / pris) le train jusqu'à Marseille, et puis on a (3) _____ (roulé / pris) en voiture jusqu'ici. On s'est bien perdus (We got really lost) sur l'autoroute! On a utilisé un (4) _____ (journal / plan), mais bon... Les (5) _____ (gens / pays) d'ici sont sympas! Il n'y a pas de métro ici et donc, on prend le (6) _____ (bus / voiture) quand on n'a pas envie de conduire. Demain, on va visiter les fameuses calanques (inlets) et puis après-demain, on va visiter les plages de St-Tropez, en (7) _____ (voiture / voyage). Mercredi après-midi, on va faire du (8) _____ (shopping / séjour) à Nice.

À plus!
Alexis

5 **En vacances, que préférez-vous?** Complete each of these statements with information about your preferences.

1. J'ai envie de visiter _____.
   deux pays à l'étranger

2. Quand je suis en vacances, j'aime _____
   trois activités

   _____

3. Pour faire des voyages, je préfère prendre _____.
   moyen de transport

4. Je n'aime pas prendre _____.
   moyen de transport

5. Cette année-ci, on a une semaine de congé du _____ au _____
   date   date

6. Cette semaine-là, je vais _____.
   une activité

CONTEXTES: AUDIO ACTIVITIES

1 **Identifiez** You will hear a series of words. Write the word that does not belong to each series.

1. _____   5. _____

2. _____   6. _____

3. _____   7. _____

4. _____   8. _____

2 **Décrivez** For each drawing you will hear two statements. Choose the one that corresponds to the drawing.

1. a.   b.   2. a.   b.   3. a.   b.

3 **À l'agence** Listen to the conversation between Éric and a travel agent. Then read the statements and decide whether they are **vrai** or **faux**.

	Vrai	Faux
1. Éric pense partir en vacances une semaine.	○	○
2. Éric aime skier et jouer au golf.	○	○
3. Pour Éric, la campagne est une excellente idée.	○	○
4. Éric préfère la mer.	○	○
5. Il n'y a pas de plage en Corse.	○	○
6. Éric prend ses vacances la dernière semaine de juin.	○	○
7. Le vol de retour pour l'aéroport d'Ajaccio est le 9 juin.	○	○
8. Le billet d'avion aller-retour coûte 120 euros.	○	○

LES SONS ET LES LETTRES

Diacriticals for meaning

Some French words with different meanings have nearly identical spellings except for a diacritical mark (**accent**). Sometimes a diacritical does not affect pronunciation at all.

ou	où	a	à
or	*where*	*has*	*to, at*

Sometimes, you can clearly hear the difference between the words.

côte	côté	sale	salé
coast	*side*	*dirty*	*salty*

Very often, two similar-looking words are different parts of speech. Many similar-looking word pairs are those with and without an -é at the end.

âge	âgé	entre	entré (entrer)
age (n.)	*elderly* (adj.)	*between* (prep.)	*entered* (p.p.)

In such instances, context should make their meaning clear.

Tu as quel **âge**?   C'est un homme **âgé**.

How old are you? / What is your age?   *He's an elderly man.*

1 **Prononcez** Répétez les mots suivants à voix haute.

1. la (*the*)   là (*there*)   3. jeune (*young*)   jeûne (*fasting*)
2. êtes (*are*)   étés (*summers*)   4. pêche (*peach*)   pêché (*fished*)

2 **Articulez** Répétez les phrases suivantes à voix haute.

1. J'habite dans une ferme (*farm*).   3. Est-ce que tu es prête?
   Le magasin est fermé (*closed*).   J'ai prêté ma voiture à Marcel.
2. Les animaux mangent du maïs (*corn*).   4. La lampe est à côté de la chaise.
   Je suis suisse, mais il est belge.   J'adore la côte ouest de la France.

3 **Dictons** Répétez les dictons à voix haute.

1. À vos marques, prêts, partez!
2. C'est un prêté pour un rendu.

4 **Dictée** You will hear six sentences. Each will be said twice. Listen carefully and write what you hear.

1. _____
2. _____
3. _____
4. _____
5. _____
6. _____

Roman-photo

DE RETOUR AU P'TIT BISTROT

Avant de regarder

1 **À Paris** In this video episode, David has just returned from a vacation in Paris. What do you think he might have seen and done there?

_____
_____
_____
_____
_____

En regardant la vidéo

2 **Les vacances à Paris** Watch this video segment and place check marks beside the activities David says he did in Paris.

David …

❏ 1. est allé (*went*) à la tour Eiffel.

❏ 2. a pris un bateau-mouche (*tourist boat*) sur la Seine.

❏ 3. a visité la cathédrale de Notre-Dame.

❏ 4. a pris un taxi.

❏ 5. a visité le musée du Louvre.

❏ 6. est allé à Montmartre.

❏ 7. a visité la ville en voiture.

❏ 8. est allé aux Galeries Lafayette.

❏ 9. a dîné dans une brasserie.

❏ 10. a visité le musée d'Orsay.

❏ 11. a pris le métro.

❏ 12. a visité les monuments.

3 **Vrai ou faux?** Indicate whether each of these statements is **vrai** or **faux**.

	Vrai	Faux
1. David pense que Paris est la plus belle ville du monde.	○	○
2. David n'a pas oublié l'anniversaire de Stéphane.	○	○
3. Les parents de David n'aiment pas conduire.	○	○
4. David a acheté des vêtements à Paris.	○	○
5. David n'a pas passé de bonnes vacances.	○	○
6. Stéphane n'a pas aimé ses cadeaux d'anniversaire.	○	○
7. Sandrine a l'intention de passer ses vacances d'hiver à Albertville.	○	○
8. David ne fait pas de ski.	○	○

4 **Les vacances** For items 1–5, fill in the missing letters in each word. Unscramble the letters in the boxes to find the answer to item 6.

1. David est parti pour Paris avec une v ☐ __ __ __ __.

2. Les p __ __ __ __ __ ☐ de David sont arrivés des États-Unis.

3. Ils ont pris une c __ __ __ __ ☐ __ dans un bel hôtel.

4. Ils sont venus chercher David à la gare v__ __ __ __ __ __ ☐ soir.

5. Ils aiment conduire à la c __ __ ☐ __ __ __ __, mais pas en ville.

6. Où est-ce que David aime passer ses vacances? _____

5 **Mettez-les dans l'ordre!** Number these events in the order in which they occur.

_____ a. David raconte ses vacances à Rachid.

_____ b. David arrive à la gare d'Aix-en-Provence.

_____ c. Sandrine demande à David de revenir au café demain.

_____ d. David raconte ses vacances à Stéphane.

_____ e. David surprend Sandrine au café.

_____ f. Stéphane raconte sa fête à David.

Après la vidéo

6 **Répondez** Answer these questions in French. Use complete sentences.

1. Quand est-ce que les parents de David sont arrivés (*arrived*) des États-Unis?

   _____

2. Combien de temps est-ce que David a passé à Paris?

   _____

3. Pour Stéphane, quelles sont les vacances idéales?

   _____

4. Qu'est-ce que David a donné à Stéphane?

   _____

5. Que pense David de Sandrine?

   _____

6. Pourquoi est-ce que Sandrine doit (*must*) partir sans boire son café?

   _____

7 **À vous!** List four places you'd like to go on vacation. Then list two activities you might do in each place. Mention eight different activities.

Lieu de vacances	Activité	Activité
1. _____	_____	_____
2. _____	_____	_____
3. _____	_____	_____
4. _____	_____	_____

Flash culture

LES VACANCES

Avant de regarder

1 **Qu'est-ce que vous aimez faire?** In this video, you will learn about vacations in France. Make a list of six things you like to do while on vacation. Then make a list of six things you don't like to do on vacation.

Quand je suis en vacances, j'aime…	**Quand je suis en vacances, je n'aime pas…**
_____	_____
_____	_____
_____	_____
_____	_____
_____	_____
_____	_____

2 **Mes vacances** Circle all of the statements that describe you.

1. J'aime voyager en avion / en train / en voiture.
2. En vacances, j'aime rester dans un hôtel / un camping / une auberge de jeunesse.
3. J'aime visiter les musées / acheter des souvenirs / manger au restaurant.
4. Dans un café, j'aime manger / prendre un verre / regarder les gens qui passent.
5. J'aime bien bronzer à la plage / rouler en voiture / skier.

En regardant la vidéo

3 **Identifiez-les!** Match these images with their captions.

1. _____   2. _____   3. _____   4. _____

5. _____   6. _____   7. _____   8. _____

a. On fait un tour en bateau.
b. Ça, c'est la gare.
c. C'est un camping.
d. Voici la plage de Cassis.

e. C'est un hôtel de luxe.
f. Voici un café.
g. On achète des souvenirs.
h. C'est un hôtel modeste.

4 **Mettez-les dans l'ordre** In what order does Csilla mention these means of transportation?

_____ a. le train

_____ b. l'autobus

_____ c. l'avion

_____ d. le taxi

_____ e. la voiture

_____ f. le car

5 **Répondez** Complete these sentences with words from the list according to what Csilla says in the video. Not all words will be used.

activités	autobus	car	manger	taxi
argent	avion	gares	région	TGV
auberges de jeunesse	bateau	gens	routière	verre

1. Pour arriver en Provence, il y a l'_____, ou un train spécial que les Français

   appellent le _____.

2. C'est une des deux _____ d'Aix-en-Provence où il y a des trains réguliers pour

   visiter la _____.

3. À la gare _____, on prend le _____ pour aller d'une ville à l'autre.

4. En ville, il y a l'_____ ou le _____.

5. Si vous n'avez pas beaucoup d'_____, il y a toujours des _____.

6. Il est très agréable de _____ dans les cafés ou de prendre un _____

   à la terrasse d'un café ou d'un restaurant et de regarder les _____ passer.

Après la vidéo

6 **En vacances** Imagine that you are on vacation in Provence. Write a postcard to a friend or relative describing your trip. Tell where you've been and how you got there. Mention at least four different things you've seen or done.

_____

_____

_____

_____

_____

_____

_____

_____

_____

STRUCTURES

7A.1 The passé composé with être

1 **Avoir ou être?** Decide whether to use **avoir** or **être** as an auxiliary for each of the verbs in Gisèle's e-mail about her spring break.

Je (1) _____ (suis / ai) allée à Marseille, avec Micheline, pour les vacances de printemps. Samedi matin, on (2) _____ (est / a) passé au moins trois heures dans de beaux embouteillages (*traffic jams*) sur l'autoroute! Tout le monde (3) _____ (est / a) quitté Paris pour la province. On (4) _____ (est / a) arrivé chez mon cousin Régis, samedi soir. Il habite au centre-ville de Marseille, donc on en a profité (*took advantage of it*) pour visiter le Vieux Port et la basilique Notre-Dame de la Garde. Le système de transports publics à Marseille est très développé et donc, on (5) _____ (a / est) pris le métro tous les jours. On (6) _____ (est / a) fait plusieurs sorties (*outings*) dans la région, pendant la deuxième semaine des vacances. On (7) _____ (est / a) visité les gorges du Verdon et Saint-Paul de Vence, par exemple. On (8) _____ (est / a) rentré dimanche soir et nous voilà de retour.

2 **Ah, les belles vacances!** Complete each sentence using the auxiliary verb **être**. Then indicate whether each statement would describe something that probably happened during vacation (**lors des vacances**) or at another time (**à un autre moment**).

	lors des vacances	à un autre moment
1. Nous _____ parties pour la plage samedi matin.	○	○
2. L'auteur _____ né à Marseille le 22 mai 1986.	○	○
3. Karine et Christine _____ retournées au parc Disneyland.	○	○
4. Nico _____ resté chez lui mais il a passé la semaine à dormir et à bronzer dans son jardin (*yard*).	○	○
5. Vous _____ resté à l'hôtel Caron de Beaumarchais pour être près du bureau?	○	○
6. Je _____ allée à Venise, où j'ai passé trois superbes journées en gondole.	○	○

3 **Les rumeurs qui courent** Surya is not the type to gossip, but her friends sure are! She knows what's really going on, so she corrects them. For each piece of gossip, write Surya's response.

> **Modèle**
>
> J'ai entendu dire qu'Ahmed est allé en Tunisie pour rendre visite à sa copine!
> *Sa copine habite à Montpellier. Ahmed n'est pas allé en Tunisie pour lui rendre visite.*

1. Le président est mort hier soir!

   _____

2. Jeanne est partie pour l'Espagne ce matin. Elle a quitté son mari.

   _____

3. Jean-Marie est tombé dans un trou (*hole*) la semaine dernière. Il est à l'hôpital maintenant.

   _____

4. Et tu sais (*And you know*), Vincent est le premier d'une famille de dix enfants!

   _____

5. L'année dernière, Samuel est sorti avec la copine de Luc.

   _____

6. Émilie n'est pas rentrée hier soir.

   _____

4 **Méli-mélo** Unscramble each of the sentences taking care to put the adverb in the correct place.

1. nous / sont / chez / Olivier / pas / encore / passés / ne / et / Joëlle

   _____

2. tes / tu / fait / devoirs / bien / as

   _____

3. rentrés / vacances / sont / de / élèves / les / déjà

   _____

4. sortie / Mathilde / est / pas / de / école / n' / encore / l'

   _____

5. Samia / vite / appris / a / leçon / la

   _____

5 **Que de questions!** Answer these questions in complete sentences.

1. À quelle heure êtes-vous sorti(e) de la maison aujourd'hui?

   _____

2. À quelle heure êtes-vous arrivé(e) à l'école?

   _____

3. Êtes-vous passé(e) chez un copain sur le chemin (*on the way*)?

   _____

4. Si oui, combien de minutes avez-vous passées là?

   _____

5. Êtes-vous entré(e) dans un magasin aujourd'hui?

   _____

6. À quelle heure êtes-vous rentré(e) chez vous hier soir?

   _____

7A.1 The **passé composé** with **être** (audio activities)

1 **Choisissez** Listen to each sentence and indicate whether the verb is conjugated with **avoir** or **être**.

	avoir	être
1.	○	○
2.	○	○
3.	○	○
4.	○	○
5.	○	○
6.	○	○
7.	○	○
8.	○	○

2 **Changez** Change each sentence from the **présent** to the **passé composé**. Repeat the correct answer after the speaker. (*8 items*)

> **Modèle**
>
> Vous restez au Québec trois semaines.
> *Vous êtes resté(e)(s) au Québec trois semaines.*

3 **Questions** Answer each question you hear using the cue. Repeat the correct response after the speaker.

> **Modèle**
>
> *You hear:* Qui est parti en vacances avec toi?
> *You see:* Caroline
> *You say:* Caroline est partie en vacances avec moi.

1. au Canada   3. mercredi   5. trois jours
2. non   4. par la Suisse et par l'Italie   6. oui

4 **Ça va?** Listen to Patrick and Magali and answer the questions.

1. Est-ce que Patrick est fatigué? _____

2. Avec qui Magali est-elle sortie? _____

3. Où sont-ils allés? _____

4. Qui Magali a-t-elle rencontré? _____

5. Qu'ont-ils fait ensuite? _____

6. À quelle heure Magali est-elle rentrée chez elle? _____

7A.2 Direct object pronouns

1 **Des échanges** Complete these exchanges with appropriate direct object pronouns.

1. **AMÉLIE** Nous avons faim, papa.

   LE PÈRE Je _____ invite à partager une pizza, les filles!

2. **CAROLINE** Serge, est-ce que tu _____ aimes?

   SERGE Je ne t'aime pas, je t'adore!

3. **LA MÈRE** Marie-Louise, je te parle!

   MARIE-LOUISE Je _____ entends, maman.

4. **M. NOTHOMBE** Je _____ ai rencontrée quelque part (*somewhere*), Madame?

   MME HAN Ah, non, Monsieur. Je ne pense pas.

5. **NATHALIE** Je _____ ai attendu pendant deux heures au café, Alex.

   ALEX Désolé, j'ai oublié notre rendez-vous.

6. **M. LESAGE** C'est vous qui adorez la photographie, M. Descombes?

   M. DESCOMBES Ah oui, je _____ adore.

2 **Des énigmes** The direct object pronouns in these sentences are underlined. Suggest an antecedent (the noun that the pronoun refers to) for each sentence. There are no set answers, so be creative.

> **Modèle**
>
> Sébastien, tu la regardes trop!   la *télévision*

1. C'est Cédric qui me le donne, pour mon anniversaire! _____
2. Est-ce que vous les faites tous les jours (*every day*)? _____
3. Vous les rendez aujourd'hui? Mais la bibliothèque est fermée. _____
4. Tu ne la mets pas? Mais il fait froid dehors (*outside*)! _____
5. Où est-ce qu'il les achète? _____
6. Régine la nettoie une fois par semaine. _____

3 **Transformez** Rewrite these sentences with direct object pronouns in place of the direct objects.

1. Nous préférons faire les valises mercredi matin.

   _____

2. On ne va pas visiter le musée Matisse?

   _____

3. Au Café Grenoblois, on va essayer la fameuse fondue au chocolat.

   _____

4. Il faut regarder le film de Truffaut pour notre cours de français.

   _____

5. Vous aimez fréquenter ce café, Mademoiselle?

   _____

4 **Des énigmes (suite)** Match each caption with its photo. Use each answer only once.

a.   b.   c.   d.

e.   f.   g.   h.

_____ 1. On l'a visitée l'année dernière.   _____ 5. Je l'ai perdue à l'école.

_____ 2. Tu l'as déjà regardé?   _____ 6. Nous l'avons pris pour aller au musée.

_____ 3. On les a mangés!   _____ 7. Hélène les a invités.

_____ 4. On les a faites avant de partir.   _____ 8. C'est Hector qui les a bues.

5 **Faites l'accord** Two twins, Robert and Richard, are about to leave on a trip together. Complete their conversation by writing the appropriate endings for the past participles. If no change is required, leave a blank line.

ROBERT Où sont les billets?

RICHARD Je les ai (1) oublié_____ dans mon bureau.

ROBERT Ah, non! Bon, on va passer par ton bureau sur le chemin de l'aéroport.

RICHARD Tu as fait les valises, au moins (*at least*)?

ROBERT C'est toi qui as promis de les faire.

RICHARD Mais non. C'est toi qui as promis. Ah non, tu ne les as pas (2) fait_____!

ROBERT Bon, moi, je vais mettre quelques trucs (*things*) pour nous deux dans une valise, et puis on part!

RICHARD Je vais mettre mon écharpe noire pour le voyage.

ROBERT C'est mon écharpe à moi, ça! Mais tu l'as (3) mis_____, toi? Bon, je te la donne. On part!

RICHARD Heureusement que tu as promis d'apporter le plan. Au fait, quel plan exactement (*exactly*) as-tu (4) pris_____?

ROBERT Un plan? Quel plan? Je n'ai pas de plan, moi.

RICHARD Bon, d'accord, on va trouver un plan là-bas.

ROBERT Je n'ai pas eu le temps de regarder la météo (*weather report*) avant de partir. Tu ne l'as pas (5) regardé_____ non plus?

RICHARD Mais non. Tu sais (*You know*) que je n'aime pas la télé.

ROBERT Tu n'as pas oublié ton passeport, j'espère?

RICHARD Euh…

ROBERT Mais bien sûr que tu l'as (6) oublié_____.

RICHARD Ce n'est pas possible.

ROBERT Mais je rêve! (*I must be dreaming!*)

7A.2 Direct object pronouns (audio activities)

1 **Choisissez** Listen to each question and choose the most logical answer.

1. a. Oui, je la regarde.
   b. Oui, je les regarde.
2. a. Non, je ne l'ai pas.
   b. Non, je ne les ai pas.
3. a. Non, je ne l'attends pas.
   b. Non, je ne t'attends pas.
4. a. Oui, nous vous écoutons.
   b. Oui, nous les écoutons.
5. a. Oui, je l'ai appris.
   b. Oui, je les ai appris.
6. a. Oui, ils vont te chercher.
   b. Oui, ils vont nous chercher.
7. a. Oui, je vais les acheter.
   b. Oui, je vais l'acheter.
8. a. Oui, je l'ai acheté.
   b. Oui, je les ai achetés.

2 **Changez** Restate each sentence you hear using a direct object pronoun. Repeat the correct answer after the speaker. (*8 items*)

> **Modèle**
> Nous regardons la télévision.
> *Nous la regardons.*

3 **Répondez** Answer each question you hear using the cue. Repeat the correct response after the speaker.

> **Modèle**
> Qui va t'attendre à la gare? (mes parents)
> *Mes parents vont m'attendre à la gare.*

1. au marché   3. oui   5. sur Internet
2. ce matin   4. midi   6. oui

4 **Questions** Answer each question you hear in the negative. Repeat the correct response after the speaker. (*6 items*)

> **Modèle**
> Est-ce que vos grands-parents vous ont attendus?
> *Non, ils ne nous ont pas attendus.*

Unité 7

CONTEXTES

---

1   **À l'hôtel**   Label this illustration of a hotel lobby with appropriate French words.

1. _____

2. _____

3. _____

4. _____

5. _____

6. _____

---

2   **Vrai ou faux?**   Indicate whether each statement about the illustration of the hotel lobby in Activité 1 is **vrai** or **faux**.

	Vrai	Faux
1. C'est la réception d'une auberge de jeunesse.	○	○
2. C'est une chambre d'hôtel.	○	○
3. C'est la réception d'un hôtel.	○	○
4. La réception est au rez-de-chaussée.	○	○
5. Il y a un lit au rez-de-chaussée.	○	○
6. Il y a des chambres au premier étage.	○	○
7. L'hôtelier redonne (*is giving back*) son passeport à la femme.	○	○
8. Un passager prend la valise du client.	○	○

---

3   **À l'agence de voyages**   There are five strange details in this passage about Charles' trip to a travel agency. Rewrite the passage with corrections so that it makes sense.

Ce matin, Charles est passé par une agence de voyages pour faire des réservations. Un hôtelier très sympa l'a aidé à organiser le voyage. Pour commencer, ils ont trouvé des billets aller-retour Paris-Nice et ils les ont annulés. Puis, l'agent de police a téléphoné à des hôtels à Grenoble pour demander s'il y avait (*if there were*) des chambres complètes pour son client, et il a fait une réservation pour une chambre individuelle à l'hôtel Matisse. Après, Charles a demandé le numéro de téléphone de l'auberge de jeunesse et l'agent le lui a donné. Finalement, Charles est reparti (*left*) très content. Une semaine à Nice!

_____

_____

_____

_____

_____

_____

---

4 **Une petite histoire** Complete the sentences below with appropriate expressions from the list. The words may be used more than once. Some do not have to be used at all.

alors	avant	donc	ensuite	pendant	tout à coup
après	d'abord	enfin	finalement	puis	tout de suite

(1) _____ d'aller chez sa grand-mère, le Petit Chaperon Rouge (*Little Red Riding Hood*) fait une promenade dans le bois (*woods*). (2) _____ qu'elle regarde de belles fleurs, un grand méchant loup (*wolf*) arrive. (3) _____, le loup commence à lui parler. Elle trouve le loup beau et charmant. Il lui fait des compliments (il adore sa cape rouge!), et il l'invite à partir avec lui. Elle lui explique qu'elle est désolée, mais qu'elle va rendre visite à sa grand-mère cet après-midi. Le loup trouve ça intéressant et demande où habite la grand-mère. Elle lui donne l'adresse de sa grand-mère, (4) _____ elle reprend sa route (*continues walking*). (5) _____ sa rencontre avec le grand loup, le Petit Chaperon Rouge commence à avoir des doutes. Mais elle oublie ces sentiments (*feelings*) bizarres quand elle voit (*sees*) la maison de sa grand-mère. Elle ouvre la porte et elle laisse son panier plein de (*basket full of*) fleurs à côté du lit. Elle se met au (*gets in*) lit avec sa grand-mère qui n'a pas l'air d'aller très bien aujourd'hui. Elle ne remarque (6) _____ pas (*doesn't notice*) que la grand-mère ressemble fort à un grand méchant loup. Elle lui parle de sa journée quand (7) _____, elle s'aperçoit (*perceives*) qu'elle est au lit avec un loup déguisé en grand-mère! (8) _____, le grand méchant loup la mange et met son petit chaperon (*hooded cape*) rouge pour faire une balade au bois.

5 **À quel étage?** Use the building directory as a reference to tell which floor each business is on. Write out each ordinal number in letters.

0	EUROPOSTE	19	CADORAMA	38	EUROENTREPRISE
1	ALLÔPORTABLE	20	AFSA LIMITÉE	39	CÉDÉROM.COM
2	CRÉDI-BANQUE	21	B.B. INTERNATIONAL	40	CÉDÉROM.COM
3	COGITO ERGO COM	22	NICE MULTISERVICES	41	AMNESTIE.FR
4	GIRAUD ET CIE	23	AGENCE EUROVOYAGES	42	SOCIÉTÉ FRANÇAISE
5	ACTISPORT	24	COMPTOIRS DE NICE	43	ENFANTILLAGES
6	NUTRITEL	25	NOSTALGIE ET CIE	44	FONDATION NATHAN
7	BOUVARD ET ASSOCIÉS	26	ÉDITIONS DU NORD	45	MÉDICO-TAXI
8	GROUPE ALITEL	27	SUPER-LOTO	46	GIRAUD PÈRE ET FILS
9	GALERIES DUFAYEL	28	BANQUE GÉNÉRALE	47	SERVEUR INTERNET
10	CRÉMAUX ET FILS	29	NOUVEAU MILLÉNAIRE	48	SERVEUR INTERNET

1. Crémaux et Fils est au _____ étage.

2. Europoste est au _____.

3. Le serveur Internet est au _____ et au _____ étages.

4. B.B. International est au _____ étage.

5. Éditions du Nord est au _____ étage.

6. Nostalgie et Compagnie est au _____ étage.

7. Cadorama est au _____ étage.

8. Allôportable est au _____ étage.

9. Comptoirs de Nice est au _____ étage.

10. Enfantillages est au _____ étage.

CONTEXTES: AUDIO ACTIVITIES

1 **Identifiez** You will hear a series of words. Write the word that does not belong in each series.

1. _____   5. _____

2. _____   6. _____

3. _____   7. _____

4. _____   8. _____

2 **La réception** Look at the drawing and listen to each statement. Then decide if the statement is **vrai** or **faux**.

	Vrai	Faux
1.	○	○
2.	○	○
3.	○	○
4.	○	○
5.	○	○
6.	○	○
7.	○	○
8.	○	○

3 **Complétez** Listen to this description and write the missing words.

Pour les étudiants, les (1) _____ sont très bon marché quand ils ont envie de

voyager. Généralement, elles ont de grandes (2) _____ avec trois, quatre ou cinq

(3) _____. C'est très sympa quand vous partez (4) _____

avec vos amis. Les auberges sont souvent petites et il faut faire des (5) _____.

Dans ma ville, l'auberge a une toute petite (6) _____, vingt chambres et trois

(7) _____. Il n'y a pas d' (8) _____.

LES SONS ET LES LETTRES

ti, sti, and ssi

The letters **ti** followed by a consonant are pronounced like the English word _tea_, but without the puff released in the English pronunciation.

actif   petit   tigre   utiles

When the letter combination **ti** is followed by a vowel sound, it is often pronounced like the sound linking the English words _miss you_.

dictionnaire   patient   initial   addition

Regardless of whether it is followed by a consonant or a vowel, the letter combination **sti** is pronounced _stee_, as in the English word _steep_.

gestion   question   Sébastien   artistique

The letter combination **ssi** followed by another vowel or a consonant is usually pronounced like the sound linking the English words _miss you_.

passion   expression   mission   profession

Words that end in **-sion** or **-tion** are often cognates with English words, but they are pronounced quite differently. In French, these words are never pronounced with a _sh_ sound.

compression   nation   attention   addition

---

1 **Prononcez** Répétez les mots suivants à voix haute.

   1. artiste   3. réservation   5. position   7. possession   9. compassion

   2. mission   4. impatient   6. initiative   8. nationalité   10. possible

2 **Articulez** Répétez les phrases suivantes à voix haute.

   1. L'addition, s'il vous plaît.

   2. Christine est optimiste et active.

   3. Elle a fait une bonne première impression.

   4. Laëtitia est impatiente parce qu'elle est fatiguée.

   5. Tu cherches des expressions idiomatiques dans le dictionnaire.

3 **Dictons** Répétez les dictons à voix haute.

   1. De la discussion jaillit la lumière.   2. Il n'est de règle sans exception.

4 **Dictée** You will hear six sentences. Each will be said twice. Listen carefully and write what you hear.

   1. _____

   2. _____

   3. _____

   4. _____

   5. _____

   6. _____

Roman-photo

LA RÉSERVATION D'HÔTEL

Avant de regarder

1 **À l'agence de voyages** What might you say at a travel agency? When making travel arrangements, what information might a travel agent need from you?

_____
_____
_____
_____
_____

En regardant la vidéo

2 **Complétez** Choose the words that complete the sentences below according to what Sandrine says in the video.

1. J'ai besoin d'une _____ d'hôtel, s'il vous plaît.
   a. réservation   b. chambre   c. auberge

2. Nous allons _____.
   a. en Suisse   b. à Paris   c. à Albertville

3. Il nous faut _____ chambre(s) individuelle(s).
   a. une   b. deux   c. trois

4. Disons du _____ décembre au 2 janvier
   a. 24   b. 25   c. 26

5. C'est vraiment trop _____.
   a. loin   b. gentil   c. cher

3 **Les prix des hôtels** What are the prices for a single room at these hotels?

1. l'hôtel le Vieux Moulin: _____

2. l'hôtel le Mont-Blanc: _____

3. l'auberge de la Costaroche: _____

4 **Qui?** Whom do these statements describe? Write **S** for Sandrine or **A** for Amina.

_____ 1. Elle fête Noël en famille.

_____ 2. Elle ne réussit (succeed) pas à faire une réservation.

_____ 3. Elle correspond avec Cyberhomme.

_____ 4. Elle trouve un hôtel pas cher à Albertville.

_____ 5. Elle cherche un Cyberhomme.

5 **Cyberhomme** Choose the best answer for these questions.

1. Qui est Cyberhomme?
   a. le petit ami de Sandrine   b. l'ami virtuel d'Amina   c. un étudiant à l'université
2. Combien de messages électroniques est-ce qu'il a envoyés?
   a. 2   b. 10   c. 12
3. Pourquoi est-ce qu'Amina ne lit pas le message à Sandrine?
   a. c'est personnel   b. c'est ennuyeux   c. c'est trop long
4. Comment est Cyberhomme?
   a. petit, mais beau   b. sympa, mais timide   c. sportif, mais sérieux

Après la vidéo

6 **Répondez** Answer these questions in French. Write complete sentences.

1. Où est-ce que Sandrine a envie de passer ses vacances d'hiver?
   _____
2. Pourquoi est-ce que Sandrine ne fait pas de réservation à l'agence de voyages?
   _____
3. Après sa visite à l'agence de voyages, qu'est-ce que Sandrine a besoin de faire?
   _____
4. Qui fait une réservation pour Sandrine?
   _____
5. Qui téléphone à Sandrine? Pourquoi?
   _____
6. Pourquoi est-ce que Sandrine est fâchée (*angry*)?
   _____

7 **À vous!** In this episode, Pascal says "**Elle n'est pas très heureuse maintenant, mais quelle surprise en perspective!**" What surprise do you think he has planned? How do you think Sandrine will respond?

_____
_____
_____
_____
_____

STRUCTURES

7B.1 Adverbs

1 **Associez** Match the items given with a synonym or antonym from the list.

activement	discrètement	intelligemment	méchamment
dernièrement	généreusement	mal	vite

1. bien ≠ _____

2. brillamment = _____

3. égoïstement ≠ _____

4. modestement = _____

5. paresseusement ≠ _____

6. poliment ≠ _____

7. premièrement ≠ _____

8. rapidement = _____

2 **Ma nouvelle vie** Louis writes to his younger sister. Complete his e-mail by choosing the logical adverb.

Chère Nathalie,

La vie à l'université, c'est génial. Pour te parler (1) _____ (absolument, franchement, évidemment), j'adore ma nouvelle vie ici. Dans la classe de français, nous parlons (2) _____ (agréablement, gentiment, constamment) en français. J'espère parler (3) _____ (fortement, couramment, activement) à la fin de l'année.

Ma chambre est (4) _____ (joliment, indépendamment, heureusement) décorée. La vue (_view_) est (5) _____ (faiblement, absolument, seulement) magnifique. Mes voisins sont sympas; je parle (6) _____ (discrètement, fortement, souvent) avec eux. Ma voisine Annette m'a invité au club de randonnée, et maintenant, je participe (7) _____ (absolument, facilement, activement) au club.

Viens (8) _____ (heureusement, bien, vite) me voir.

Bon, @+!*
Louis

@+! _À plus tard!_

3 **Déchiffrez** Unscramble these questions and answer them with the cues provided.

1. vous / fréquemment / est-ce que / parlez / ? / français (tous les jours)

   _____

   _____

2. ? / avec / - / étudiez / vos amis / vous / à la bibliothèque (de temps en temps)

   _____

   _____

3. étudiez / pour / sérieusement / est-ce que / l'examen / vous / ? (très)

   _____

   _____

4. trouvé / un hôtel / avez / facilement / - / vous / ? (vite)

   _____

   _____

5. vous / la fête / fréquemment / faites / vos voisins / - / avec / ? (rarement)

   _____

   _____

6. toujours / à coté de / ? / vous / la chambre / l'ascenseur / prenez / - (souvent)

   _____

   _____

4 **Complétez** Complete the sentences by changing the adjective in the first sentence into an adverb in the second.

> **Modèle**
>
> Olivier est très lent. Il travaille *lentement*.

1. Les élèves sont nerveux. Ils attendent _____ leur professeur en classe.

2. C'est vrai que l'hôtelière est belle. L'hôtelière est _____ belle.

3. Elles étudient de manière indépendante. Elles étudient _____.

4. Marilène est une mauvaise chanteuse. Marilène chante _____.

5. C'est un bon quartier. Il est _____ situé.

6. Les clients sont très impatients. Les clients attendent _____ à la réception.

5 **Ma vie à Paris** Complete the sentences with the adverbs from the list. Not all adverbs will be used.

bien	difficilement	mal	modestement	récemment
couramment	fréquemment	malheureusement	rarement	vraiment

J'ai (1) _____ fait un séjour à Paris pendant trois mois. J'ai (2) _____ touvé un travail dans un restaurant près des Tuileries. (3) _____, malgré ça (*inspite of that*), je n'avais pas beaucoup d'argent et mes parents m'envoyaient (4) _____ de l'argent. Alors, je vivais (*used to live*) (5) _____ et je ne sortais pas (6) _____ avec mes amis. Mais la chose que j'adorais (7) _____ faire le soir, c'était de marcher le long de la Seine. J'ai (8) _____ aimé mon séjour à Paris.

7B.1 Adverbs (audio activities)

1 **Complétez** Listen to each statement and circle the word or phrase that best completes it.

1. a. couramment
   b. faiblement
   c. difficilement

2. a. gentiment
   b. fortement
   c. joliment

3. a. rapidement
   b. malheureusement
   c. lentement

4. a. constamment
   b. brillamment
   c. utilement

5. a. rapidement
   b. fréquemment
   c. patiemment

6. a. activement
   b. franchement
   c. nerveusement

2 **Changez** Form a new sentence by changing the adjective to an adverb. Repeat the correct answer after the speaker.

> **Modèle**
>
> *You hear:* Julie étudie.
> *You see:* sérieux
> *You say:* Julie étudie sérieusement.

1. poli
2. rapide
3. différent
4. courant
5. patient
6. prudent

3 **Répondez** Answer each question you hear in the negative, using the cue. Repeat the correct answer after the speaker.

> **Modèle**
>
> *You hear:* Ils vont très souvent au cinéma?
> *You see:* rarement
> *You say:* Non, ils vont rarement au cinéma.

1. mal
2. tard
3. rarement
4. méchamment
5. vite
6. facilement

7B.2 The imparfait

1 **Quand j'étais jeune** Complete this story by conjugating the verbs in parentheses in the imparfait.

Quand nous (1) _____ (être) jeunes, il n'y (2) _____ (avoir)

pas beaucoup d'étudiants à l'université. Beaucoup de personnes (3) _____ (finir)

leurs études à la fin du collège ou du lycée parce qu'elles (4) _____ (aller) travailler.

À l'université, j' (5) _____ (étudier) tout le temps. J'ai rencontré ta maman là-bas.

Elle (6) _____ (travailler) à la bibliothèque. Elle (7) _____

(être) sympathique. Nous (8) _____ (parler) beaucoup ensemble. Mes parents

(9) _____ (dire) qu'il (10) _____ (falloir) finir mes études

avant d'épouser ta mère. Ils (11) _____ (avoir) tort, mais ils

(12) _____ (penser) à mon avenir (*future*).

2 **Les vacances** Frédéric's friends are telling him what they used to do on vacation. Complete each of these sentences with the **imparfait** of a logical verb from the list.

aller à la pêche	emmener	pleuvoir
apprendre	faire une randonnée	regarder un film
bavarder	louer	skier
dormir	passer	travailler

1. Ma sœur et moi, nous _____ en montagne tous les jours.

2. Je _____ jusqu'à midi parce que j'étais très fatigué(e).

3. Jasmine _____ dans un magasin du centre commercial.

4. En hiver, nous _____ tous les jours.

5. Marc _____, car (*because*) il aime manger du poisson frais.

6. J'_____ quelque chose de nouveau.

7. Quand il _____, je _____ à la télévision.

8. Je _____ chez mes amis et nous _____.

3 **L'enfance** Your new friend would like to know you better and has asked you to talk about your childhood. Complete this paragraph with the cues provided. Conjugate the verbs in the **imparfait**.

Quand j'étais petit(e), je (1) _____ beaucoup, surtout des croissants

avec du beurre. Je (2) _____ toujours du chocolat chaud avec ça.

Je n' (3) _____ pas beaucoup à l'école. Pendant mon temps libre,

je (4) _____ à la piscine de mon quartier ou bien je (5)

_____ avec des amis. Je (6) _____ de temps

en temps. Je (7) _____ aussi, mais je n'étais pas très bon(ne). Et toi,

qu'est-ce que tu faisais quand tu étais petit(e)?

4 **Répondez** Bénédicte wants to participate in an exchange program. Answer these questions about her past using the cues provided.

> **Modèle**
> Où habitez-vous? (Boston / New York)
> Maintenant, j'habite à Boston. Avant, j'habitais à New York.

1. Qu'est-ce que vous étudiez? (le français / l'économie)

_____

2. Combien de langues parlez-vous? (le français et l'espagnol / seulement le français)

_____

3. Comment êtes-vous? (travailleur/travailleuse / paresseux/paresseuse)

_____

4. Qu'est-ce que vous aimez faire pendant vos loisirs? (faire des randonnées / patiner)

_____

5. Pourquoi souhaitez-vous (*do you wish*) partir? (avoir envie de connaître (*to know*) le Sénégal / avoir peur de voyager)

_____

6. Que pensez-vous du Sénégal? (être un pays intéressant / être un pays comme les autres)

_____

7. Qui paie vos études? (je / mes parents)

_____

8. Quand finissez-vous les cours? (en mai / en juin)

_____

7B.2 The **imparfait** (audio activities)

1 **Identifiez** Listen to each sentence and circle the verb tense you hear.

 1. a. présent b. imparfait c. passé composé
 2. a. présent b. imparfait c. passé composé
 3. a. présent b. imparfait c. passé composé
 4. a. présent b. imparfait c. passé composé
 5. a. présent b. imparfait c. passé composé
 6. a. présent b. imparfait c. passé composé
 7. a. présent b. imparfait c. passé composé
 8. a. présent b. imparfait c. passé composé
 9. a. présent b. imparfait c. passé composé
10. a. présent b. imparfait c. passé composé

2 **Changez** Form a new sentence using the cue you hear. Repeat the correct answer after the speaker. (6 *items*)

> **Modèle**
> Je dînais à huit heures. (nous)
> Nous *dînions* à huit heures.

3 **Répondez** Answer each question you hear using the cue. Repeat the correct response after the speaker.

> **Modèle**
> *You hear:* Qu'est-ce que tu faisais quand tu avais
> 15 ans?
> *You see:* aller au lycée Condorcet
> *You say:* J'allais au lycée Condorcet.

1. jouer au tennis avec François
2. aller à la mer près de Cannes
3. étudier à la bibliothèque de l'université
4. sortir au restaurant avec des amis
5. finir nos devoirs et regarder la télé
6. sortir le chien et jouer au foot
7. partir skier dans les Alpes
8. sortir avec des amis et aller au cinéma

Nom _____ Date _____

Unité 7

Savoir-faire

---

1 **Des gens célèbres** Match each description with the name of a famous person.

_____ 1. Cet écrivain à l'imagination extraordinaire a écrit *Le Petit Prince*.

_____ 2. Cet écrivain et cinéaste de Marseille a écrit *La Gloire de mon père*.

_____ 3. Cette championne du patinage artistique (*figure skating*) est née à Nice.

_____ 4. Cet homme est surtout connu pour ses travaux d'astrologie.

_____ 5. Cette poétesse de la Renaissance a écrit des sonnets.

_____ 6. Cet écrivain a écrit *Le Rouge et le Noir*.

a. Nostradamus
b. Surya Bonaly
c. Louise Labé
d. Antoine de Saint-Exupéry
e. Stendhal
f. Marcel Pagnol

---

2 **Des diapos** Write a one-sentence caption in French to accompany each of these slides (**diapos**) that will be part of a presentation on southeastern France.

 1.

 2.

 3.

4.

 5.

 6.

1. _____

2. _____

3. _____

4. _____

5. _____

6. _____

---

3 **Vrai ou faux?** Indicate whether each of these statements is **vrai** or **faux**.

	Vrai	Faux
1. Grenoble se situe dans les Pyrénées.	O	O
2. La raclette et la fondue sont des spécialités à base de fromage fondu.	O	O
3. Le synchrotron est un club à Grenoble.	O	O
4. La ville de Grasse donne accès à plusieurs stations de ski.	O	O
5. Le Festival International du Film a lieu (*takes place*) chaque année, en mai.	O	O
6. Des pommes de terre accompagnent le fromage de la raclette.	O	O
7. Chaque année, il y a vingt films en compétition au Festival International du Film.	O	O
8. Des vedettes (*movie stars*) assistent au Festival du Film à Grasse.	O	O

---

4 **Des couleurs et des arômes** Complete each of these statements about the cultivation of flowers in the South of France.

1. _____ est l'une des industries principales du sud-est de la France.

2. On cultive des fleurs à Grasse depuis le _____.

3. Parmi les fleurs cultivées à Grasse, on compte la _____, la

   _____ et la _____.

4. _____ est un des grands fabricants (*makers*) de parfum du sud de la France.

5 **Les villes de la région** Write the names of the towns described by the clues.

1. C'est la ville où l'on trouve le palais des Papes. ___ V ___ ___ N ___ N

2. Cette très grande ville de la côte (*coast*) se situe entre la Camargue et Toulon.

   M ___ ___ ___ E ___ L ___ ___

3. Cette ville est la capitale mondiale de la parfumerie. G ___ ___ S ___ ___ ___

4. Cette ville est un grand centre de recherche scientifique. ___ R E ___ ___ B ___ ___ ___

5. De riches vacanciers anglais ont donné leur nom à la célèbre promenade de cette ville. ___ I C ___

6. Cette ville organise le festival du film le plus connu (*most famous*) du monde. ___ ___ N N ___ S

6 **Des mots cachés camarguais** First, use the clues to identify some expressions related to the Camargue. Then find the words in the puzzle.

1. On appelle les _____ les cow-boys camarguais.

2. C'est l'un des oiseaux exotiques qu'on trouve en Camargue: le _____.

3. En Camargue, on voit (*sees*) ces grands _____ noirs.

4. Le meilleur (*best*) ami du cow-boy camarguais est un cheval _____.

```
F  A  R  E  B  C  D  U  Î  G  A  E  J  G  F
X  L  B  K  T  L  F  Y  M  P  J  S  Z  A  W
Z  P  A  I  F  F  H  L  M  U  W  O  C  R  J
S  N  C  M  B  Â  Y  J  G  Q  J  R  N  D  B
G  Z  W  N  A  E  N  F  J  Q  I  P  A  I  X
A  R  N  X  S  N  C  P  T  S  É  A  L  A  A
T  Y  O  A  A  H  T  A  L  M  U  O  B  N  U
R  V  T  Q  H  Z  U  R  L  B  K  U  C  S  L
O  C  H  B  O  R  S  Q  O  M  E  N  P  Z  V
H  J  M  E  E  C  T  C  B  S  J  F  S  R  X
Q  Z  J  A  N  C  D  U  U  E  Q  P  Q  B
J  H  U  K  C  X  A  I  Z  H  U  L  Y  X  O
I  X  W  É  T  A  N  G  S  V  E  R  Z  A  Q
S  U  Y  A  X  G  Y  G  A  W  H  W  M  O  C
C  D  X  I  O  I  W  D  O  S  I  A  R  A  M
```

Unité 8

CONTEXTES

1 **La maison** Label the rooms and items indicated.

1. _____	6. _____
2. _____	7. _____
3. _____	8. _____
4. _____	9. _____
5. _____	10. _____

2 **Les règles** Complete each of these rules (**règles**) for the family residence where your parents have rented an apartment for the summer with the most appropriate option.

> **RÈGLES DE LA MAISON**
> - Les vacanciers peuvent (*The vacationers can*) (1) _____ (emménager, déménager, louer) dans la résidence au début du mois de juillet.
> - Le (2) _____ (chambre, loyer, studio) est payé à la fin du séjour (*stay*).
> - Il est demandé aux vacanciers de ne pas faire de bruit dans (3) _____ (les appartements, les garages, les meubles) après 10h00 du soir.
> - Chaque famille partage (4) _____ (une commode, le sous-sol, une pièce) avec les autres familles.
> - Il y a (5) _____ (deux salles de bains, trois escaliers, un jardin) dans tous les appartements.
> - Les vacanciers peuvent utiliser la piscine dans (6) _____ (le garage, le jardin, le sous-sol), derrière la maison, de 8h00 à 18h00.
> - Il est interdit (*forbidden*) de laisser les vélos dans le jardin. Si vous avez un vélo, il y a (7) _____ (un quartier, un escalier, un garage) pour tous les vacanciers.
> - Si vous avez d'autres questions, il y a du papier et un crayon dans (8) _____ (le fauteuil, le tiroir, le rideau) sur votre droite.

3 **La résidence** Complete this conversation with logical words or expressions.

DJAMILA Quand vas-tu (1) _____ dans ta nouvelle maison avec tes parents?

FRÉDÉRIC La semaine prochaine, mais nous avons déjà les clés.

DJAMILA Et quand (2) _____-tu de l'ancienne maison?

FRÉDÉRIC Demain.

DJAMILA Super! Est-ce que je peux venir voir (_see_) ta (3) _____ maintenant?

FRÉDÉRIC Oui. Voilà.

DJAMILA Oh! Elle est grande. Il y a de la place pour des (4) _____ pour tous tes livres.

FRÉDÉRIC Oui, et l' (5) _____ pour mes vêtements ira près de la fenêtre. J'aime beaucoup le (6) _____.

DJAMILA Est-ce que vous allez pouvoir tous manger dans la cuisine comme avant?

FRÉDÉRIC Non, elle est trop petite. Nous allons manger dans la (7) _____.

DJAMILA Et pour la voiture. Qu'est-ce que tes parents vont faire?

FRÉDÉRIC Il y a deux garages, alors, ils vont (8) _____ l'un des deux à des amis.

4 **Où ça?** Read these statements and tell in which part of the house the action is most likely taking place.

> **Modèle**
> Je prends une douche.
> _Je suis dans la salle de bains._

1. Sarah prépare le dîner.

   _____

2. Farid dort.

   _____

3. Catherine et Jacques lisent des romans et étudient.

   _____

4. Jean-Philippe sort de sa voiture.

   _____

5. Amadou descend chercher son vélo.

   _____

6. Le petit Cédric joue dans la baignoire.

   _____

7. Vous célébrez l'anniversaire de votre ami.

   _____

8. Nous nageons dans la piscine.

   _____

CONTEXTES: AUDIO ACTIVITIES

1   **Décrivez**   Listen to each sentence and write its number below the drawing of the household item mentioned.

a. _____

b. _____

c. _____

d. _____

e. _____

f. _____

2   **Identifiez**   You will hear a series of words. Write the word that does not belong in each series.

1. _____   5. _____

2. _____   6. _____

3. _____   7. _____

4. _____   8. _____

3   **Logique ou illogique?**   You will hear some statements. Decide if they are **logique** or **illogique**.

	Logique	Illogique		Logique	Illogique
1.	○	○	5.	○	○
2.	○	○	6.	○	○
3.	○	○	7.	○	○
4.	○	○	8.	○	○

LES SONS ET LES LETTRES

s and ss

You've already learned that an **s** at the end of a word is usually silent.

      lavabo**s**   copain**s**   va**s**   placard**s**

An **s** at the beginning of a word, before a consonant, or after a pronounced consonant is pronounced like the *s* in the English word *set*.

      soir   **s**alon   **s**tudio   ab**s**olument

A double *s* is pronounced like the *ss* in the English word *kiss*.

      gro**ss**e   a**ss**ez   intére**ss**ant   rou**ss**e

An **s** at the end of a word is often pronounced when the following word begins with a vowel sound. An **s** in a liaison sounds like a *z*, like the *s* in the English word *rose*.

      très élégant   trois hommes

The other instance where the French **s** has a *z* sound is when there is a single **s** between two vowels within the same word. The **s** is pronounced like the *s* in the English word *music*.

      mu**s**ée   amu**s**ant   oi**s**eau   be**s**oin

These words look alike, but have different meanings. Compare the pronunciations of each word pair.

      poi**s**on   poi**ss**on   dé**s**ert   de**ss**ert

1 Prononcez Répétez les mots suivants à voix haute.

1. sac	4. chose	7. surprise	10. expressions
2. triste	5. bourse	8. assister	11. sénégalaise
3. suisse	6. passer	9. magasin	12. sérieusement

2 Articulez Répétez les phrases suivantes à voix haute.

1. Le spectacle est très amusant et la chanteuse est superbe.
2. Est-ce que vous habitez dans une résidence universitaire?
3. De temps en temps, Suzanne assiste à l'inauguration d'expositions au musée.
4. Heureusement, mes professeurs sont sympathiques, sociables et très sincères.

3 Dictons Répétez les dictons à voix haute.

1. Si jeunesse savait, si vieillesse pouvait.
2. Les oiseaux de même plumage s'assemblent sur le même rivage.

4 Dictée You will hear six sentences. Each will be said twice. Listen carefully and write what you hear.

1. _____
2. _____
3. _____
4. _____
5. _____
6. _____

Nom _____   Date _____

Roman-photo

LA VISITE SURPRISE

Avant de regarder

1 **La surprise** Look at the photo and consider the title of this video episode. Who is in this picture? How do you think Sandrine will react when she sees him? What do you think will happen in this episode?

_____
_____
_____
_____
_____

En regardant la vidéo

2 **Chez Sandrine** Check off the items that Sandrine has at her place.

❏ 1. un escalier
❏ 2. une chambre
❏ 3. une douche
❏ 4. un miroir
❏ 5. une baignoire
❏ 6. une cave

❏ 7. une cuisine
❏ 8. un jardin
❏ 9. un salon
❏ 10. une salle à manger
❏ 11. un lavabo
❏ 12. un sous-sol

3 **Identifiez-les** Label the rooms that are pictured.

1. _____

2. _____

3. _____

4. _____

5. _____

© 2015 Vista Higher Learning, Inc. All rights reserved.   **Unité 8 Roman-photo** Activities   **201**

4 **Qui...?** Indicate which character says each of these lines. Write **D** for David or **R** for Rachid.

_____ 1. C'est grand chez toi!

_____ 2. Heureusement, Sandrine a décidé de rester.

_____ 3. Tu as combien de pièces?

_____ 4. Dis, c'est vrai, Sandrine, ta salle de bains est vraiment grande.

_____ 5. Chez nous, on a seulement une douche.

_____ 6. Et elle a une baignoire et un beau miroir au-dessus du lavabo!

5 **Complétez** Complete these sentences with the missing words from the video.

SANDRINE Je te fais (1) _____?

RACHID Oui, merci.

SANDRINE Voici la (2) _____.

RACHID Ça, c'est une (3) _____ très importante pour nous, les invités.

SANDRINE Et puis, la (4) _____.

RACHID Une pièce très importante pour Sandrine...

DAVID Évidemment!

SANDRINE Et voici ma (5) _____.

RACHID Elle est (6) _____!

SANDRINE Oui, j'aime le vert.

Après la vidéo

6 **Une dispute** Describe what is happening in this photo. Explain the events leading up to this moment.

_____

_____

_____

_____

_____

7 **À vous!** What rooms do you have in your home? Write at least five sentences describing them.

_____

_____

_____

_____

_____

_____

_____

Flash culture

CHEZ NOUS

Avant de regarder

1   **Les habitations**   In this video, you are going to learn about housing in France. List as many different types of places to live as you can in French.

_____

_____

_____

_____

_____

_____

_____

2   **Chez moi**   Complete these statements about your own home. Remember to use the correct article with each noun. Use words from the list or any other words you know.

appartement	garage	sous-sol
balcon	jardin	studio
cave	maison	terrasse
escalier	résidence universitaire	

1. J'habite dans _____.

2. Chez moi, il y a _____ et _____.

3. Il n'y a pas _____ chez moi.

4. À l'extérieur, il y a _____.

5. Avant, j'habitais dans _____.

6. Il y avait _____ et _____.

7. Il n'y avait pas _____.

8. À l'extérieur, il y avait _____.

En regardant la vidéo

3   **Mettez-les dans l'ordre**   In what order does Benjamin mention these items?

_____ a. un balcon   _____ d. un garage

_____ b. une terrasse   _____ e. un jardin

_____ c. un sous-sol

4 **Chez soi** Match these images with their captions.

1.

2.

3.

4.

5.

_____ a. des maisons individuelles   _____ d. de grands immeubles

_____ b. des appartements   _____ e. des résidences pour les étudiants

_____ c. des HLM

5 **Complétez** Watch the video and complete the paragraphs below according to what Benjamin says.

1. Nous sommes dans la _____ d'Aix-en-Provence. C'est un _____ très pittoresque avec ses boutiques, ses restaurants et ses _____. Laissez-moi vous montrer différents types de _____.

2. Nous sommes maintenant dans la _____ où on trouve des _____ de toutes sortes. Par exemple, cette maison est assez _____.

Après la vidéo

6 **La maison de mes rêves** Describe your dream home. Tell where it is and what type of residence it is. Then describe its features in detail.

_____

_____

_____

_____

_____

_____

_____

STRUCTURES

8A.1 The **passé composé** vs. the **imparfait** (Part 1)

1 **Souvenirs d'enfance** Sylvain and his friends are talking about some childhood memories. Complete their statements by choosing the appropriate past tense.

1. Mon ancienne maison n' _____ pas très grande.
   a. était   b. a été

2. Nous _____ trois garages dans notre maison.
   a. avons eu   b. avions

3. Mes sœurs _____ toujours beaucoup d'affiches sur les murs de leurs chambres.
   a. mettaient   b. ont mis

4. Nous _____ trois fois dans la même année.
   a. déménagions   b. avons déménagé

5. Mes parents _____ souvent une chambre aux étudiants de l'université.
   a. louaient   b. ont loué

6. Un jour, mon frère _____ du balcon.
   a. est tombé   b. tombait

7. Papa _____ le vieux fauteuil de mon grand-père.
   a. a adoré   b. adorait

8. Tout à coup, je/j' _____ un bruit (*noise*) au sous-sol.
   a. ai entendu   b. entendais

9. Quand j'avais treize ans, je/j' _____ dans un beau quartier à Chicago.
   a. ai habité   b. habitais

10. Mes voisins ne/n' _____ pas mon chat.
    a. ont aimé   b. aimaient

2 **Raconte!** Complete this conversation between Coralie and Sarah about what the latter did last weekend with her cousin Julie by choosing an appropriate verb from the list and putting it in the **passé composé** or the **imparfait**.

aimer	avoir	décider	faire	rentrer
aller	commencer	être	préparer	sortir

CORALIE Tu (1) _____ avec ta cousine Julie samedi dernier?

SARAH Oui, nous (2) _____ voir le nouveau film de Daniel Craig.

CORALIE Ah oui? Tu l' (3) _____?

SARAH Beaucoup! Ce/C' (4) _____ vraiment super, surtout la fin!

CORALIE Qu'est-ce que vous (5) _____ après le film?

SARAH Julie (6) _____ faim, alors on (7) _____ d'aller au Café
Margot. Mais il (8) _____ à pleuvoir. Alors, nous (9) _____
chez moi et je/j' (10) _____ un sandwich au jambon pour elle.

3 **Décrivez** Write a complete sentence in the past tense to describe each picture by choosing the phrase that matches the image. Be sure to pay attention to the cues to help you decide which past tense to use.

Modèle

Hier, Madame Boiteux *n'a pas couru.*

| acheter des vêtements | beaucoup manger | ne pas courir | ne pas prendre |
| arriver en retard | commander une salade | faire de la gym | de boisson (*drink*) |

1. Hier matin, ils _____.

2. Dimanche dernier, Julie _____.

3. Quand il était jeune, Hervé _____.

4. Vous _____ le week-end.

5. À la soirée chez Nadine samedi soir, je/j' _____.

6. Nous _____ tous les soirs.

4 **Pas de camping!** Pascal is writing an e-mail to Amadou about his camping experiences. Complete his e-mail with the **passé composé** or the **imparfait** of the verbs in parentheses.

Quand j' (1) _____ (être) jeune, ma famille (2) _____ (faire) toujours du camping en été. D'habitude, nous (3) _____ (aller) au bord d'un lac, mais je n' (4) _____ (aimer) pas trop ça. Mon père (5) _____ (ne pas être) très organisé et il (6) _____ (ne pas prendre) beaucoup de choses. Une fois (*One time*), nous (7) _____ (arriver) très tard le soir au camping. Et tu sais quoi? Pas de tente! Tu imagines! En plus, il (8) _____ (commencer) à pleuvoir. Finalement, nous (9) _____ (passer) la nuit dans la voiture. J' (10) _____ (avoir) faim toute la nuit. Alors maintenant, tu comprends pourquoi je (11) _____ (ne pas venir) avec vous le week-end dernier.

Nom _____ Date _____

8A.1 The **passé composé** vs. the **imparfait** (Part 1) (audio activities)

1 **Identifiez** Listen to each sentence in the past tense and indicate which category best describes it.

1. a. habitual action b. specific completed action c. description of a physical/mental state
2. a. habitual action b. specific completed action c. description of a physical/mental state
3. a. habitual action b. specific completed action c. description of a physical/mental state
4. a. habitual action b. specific completed action c. description of a physical/mental state
5. a. habitual action b. specific completed action c. description of a physical/mental state
6. a. habitual action b. specific completed action c. description of a physical/mental state
7. a. habitual action b. specific completed action c. description of a physical/mental state
8. a. habitual action b. specific completed action c. description of a physical/mental state
9. a. habitual action b. specific completed action c. description of a physical/mental state
10. a. habitual action b. specific completed action c. description of a physical/mental state

2 **Choisissez** Listen to each question and choose the most logical answer.

1. a. Il pleuvait et il faisait froid.
   b. Il a plu et il a fait froid.
2. a. J'ai joué au volley avec mes amis.
   b. Je jouais au volley avec mes amis.
3. a. Nous sommes allés au musée.
   b. Nous allions au musée.
4. a. Super! On a dansé toute la nuit.
   b. Super! On dansait toute la nuit.
5. a. Je les mettais dans ton sac.
   b. Je les ai mises dans ton sac.
6. a. Il a passé les vacances d'été en Espagne.
   b. Il passait les vacances d'été en Espagne.

3 **Complétez** Complete each sentence you hear in the **passé composé** or the **imparfait** using the cue. Repeat the correct response after the speaker.

> **Modèle**
> *You hear:* Ma petite amie adore danser maintenant, mais quand elle était au lycée...
> *You see:* préférer chanter
> *You say:* elle préférait chanter.

1. manger un sandwich
2. jouer au football
3. sortir tous les soirs
4. prendre un taxi
5. nettoyer le garage
6. porter des jupes

8A.2 The passé composé vs. the imparfait (Part 2)

1 **C'est du passé** Change each sentence from the present tense to the past tense. Use the **passé composé** or the **imparfait** based on the adverbial expression provided.

> **Modèle**
>
> Je mange une pizza à midi.
> Hier, j'ai mangé une pizza à midi.

1. Je vis en Angleterre.

   _____ pendant deux ans.

2. Ils font de l'aérobic.

   _____ tous les samedis.

3. Tu vas rarement en banlieue.

   Autrefois, _____.

4. Les femmes ont peur.

   Soudain, _____.

5. Vous buvez du café au petit-déjeuner.

   Hier, _____.

6. David ne paie pas le loyer à la propriétaire.

   Avant, _____.

7. Nous étudions dans le salon.

   Parfois, _____.

8. Ma tante descend au sous-sol.

   Une fois, _____.

2 **Une journée assez banale** Tell how these people spent their day and what the circumstances were using the correct past tense.

1. Vincent et sa sœur _____ (aller) au Cinéma Gaumont parce qu'il y

   _____ (avoir) un bon film.

2. Natasha _____ (rester) à la maison parce qu'elle

   _____ (être) fatiguée.

3. Il _____ (neiger) quand Antoine _____

   (aller) au marché.

4. Myriam et Alisha _____ (beaucoup manger) parce qu'elles

   _____ (avoir) faim.

5. Quand maman et tante Agathe _____ (rentrer), je

   _____ (nettoyer) le tapis.

6. Mon copain et moi _____ (attendre) devant le café quand le prof nous

   _____ (parler).

3 **Qui faisait quoi?** Complete these sentences about what these people were doing using the illustrations.

1.   2.   3.

4.   5.   6.

1. Quand tante Élise a appelé, mon oncle _____

2. Maxime est arrivé quand nous _____

3. J'étais dans le jardin quand les enfants _____

4. Elle m'a vu (*saw*) quand je _____

5. Nous étions dans la cuisine quand vous _____

6. Quand nous sommes partis, Karim et Delphine _____

4 **Le départ** Lucas and Noémie are leaving for Dakar to visit their friend Saliou. Say what happened on the day of their departure by putting the verbs in the **passé composé** or the **imparfait**.

Le jour de leur départ, Lucas et Noémie (1) _____ (prendre) tranquillement leur

petit-déjeuner le matin parce que leur avion (2) _____ (partir) seulement à 14h00.

Après le petit-déjeuner, Noémie (3) _____ (aller) au parc avec leur chien Loulou.

Quand elle (4) _____ (rentrer) à la maison, Lucas (5) _____

(lire) le journal (*newspaper*). À 11h30, ils (6) _____ (faire) leurs valises quand leur

amie Julie (7) _____ (venir) chercher leur chien. Ils (8) _____

(bavarder) avec Julie quand tout à coup Lucas (9) _____ (remarquer) (*noticed*) qu'il

(10) _____ (être) déjà 13h00! Lucas (11) _____ (vite aller

chercher) leurs bagages et Noémie (12) _____ (appeler) un taxi. Ils n'

(13) _____ (avoir) pas beaucoup de temps! Ils (14) _____

(arriver) à l'aéroport juste trente minutes avant le départ. Heureusement, l'avion

(15) _____ (partir) à 15h00 avec une heure de retard!

8A.2 The passé composé vs. the imparfait (Part 2)
(audio activities)

1 **Complétez** Listen to each phrase and complete it using the cues. Repeat the correct response after the speaker.

> **Modèle**
>
> *You hear:* Elle regardait la télé quand...
> *You see:* son frère / sortir la poubelle
> *You say:* Elle regardait la télé quand son frère a
>   sorti la poubelle.

1. papa / rentrer
2. son petit ami / téléphoner
3. mes sœurs / dormir
4. la cafetière / tomber
5. vous / être dans le jardin
6. nous / vivre au Sénégal

2 **Changez** Change each sentence you hear in the present tense to the appropriate past tense. Repeat the correct response after the speaker. (*8 items*)

> **Modèle**
>
> D'habitude, je sors à huit heures du matin.
> D'habitude, je sortais à huit heures du matin.

3 **Répondez** Answer each question you hear using the cue. Repeat the correct response after the speaker.

> **Modèle**
>
> *You hear:* Qu'est-ce que tu lisais quand tu avais neuf ans?
> *You see:* des bandes dessinées
> *You say:* Je lisais des bandes dessinées.

1. des frites
2. rendre visite à mes grands-parents
3. au centre commercial
4. aller au centre-ville
5. non, dans une grande maison
6. une robe noire

Unité 8

CONTEXTES

---

1 **Chassez l'intrus** Circle the item that does not belong in each group.

1. balayer, passer l'aspirateur, un balai, salir
2. débarrasser la table, enlever la poussière, faire la vaisselle, faire la cuisine
3. faire la lessive, repasser le linge, faire le ménage, un lave-linge
4. un oreiller, une couverture, les draps, un frigo
5. un appareil électrique, une cafetière, un oreiller, un grille-pain
6. un congélateur, un frigo, une cuisinière, une tâche ménagère
7. un balai, un évier, faire la vaisselle, laver
8. une cafetière, un grille-pain, un four à micro-ondes, un sèche-linge

---

2 **Que font-ils?** Write a sentence describing the domestic activity in each drawing.

1. _____

2. _____

3. _____   4. _____

---

3 **Les tâches ménagères** Tell who does what in Farid's household by completing the sentences below.

1. Après le dîner, ma sœur _____.
   a. fait la poussière   b. met la table   c. fait la vaisselle
2. Pour faire la cuisine, ma mère n'utilise jamais de _____.
   a. frigo   b. four à micro-ondes   c. congélateur
3. Je _____ ma chambre une fois par semaine.
   a. salis   b. range   c. repasse
4. Après la lessive, mon frère _____ ses vêtements.
   a. lave   b. repasse   c. balaie
5. Ma sœur change _____ toutes les semaines.
   a. la couverture   b. l'oreiller   c. les draps
6. Mon père _____ avant le dîner.
   a. met la table   b. sort la poubelle   c. passe l'aspirateur
7. Pour faire la vaisselle, j'utilise toujours _____.
   a. le lave-linge   b. le balai   c. le lave-vaisselle
8. Quand la poubelle est pleine, mon père la _____.
   a. range   b. sort   c. débarrasse

---

4 **Mots croisés** Complete the crossword puzzle. Some of the words will have accents missing; write out those words with their accents in place in the spaces provided.

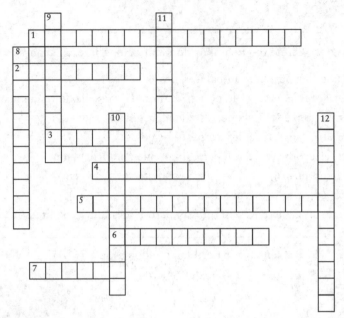

1. C'est l'action de nettoyer quand on n'utilise pas de balai.

2. On met sa tête dessus pour dormir.

3. Quand votre chambre est en désordre, il faut la...

4. Utiliser un balai, c'est...

5. On le fait au moins une fois par semaine quand il y a beaucoup d'ordures (*garbage*).

6. Après la lessive, on l'utilise. _____

7. C'est le contraire de sale.

8. On l'utilise pour conserver (*keep*) longtemps la nourriture. _____

9. On l'utilise pour faire du café. _____

10. C'est le contraire de mettre la table. _____

11. Quand vous avez fait la vaisselle, il faut l'...

12. Si vous n'aimez pas avoir de plis (*folds*) sur vos vêtements, vous l'utilisez. _____

5 **Racontez** Your parents are asking you and your brother Philippe to help with the chores. Describe how you are going to divide up the housework. Suggest who should do each chore and how frequently.

_____
_____
_____
_____
_____
_____
_____
_____

CONTEXTES: AUDIO ACTIVITIES

1 **Logique ou illogique?** Listen to these statements and indicate whether they are **logique** or illogique.

	Logique	Illogique
1.	○	○
2.	○	○
3.	○	○
4.	○	○
5.	○	○
6.	○	○
7.	○	○
8.	○	○

2 **Les tâches ménagères** Martin is a good housekeeper and does everything that needs to be done in the house. Listen to each statement and decide what he did. Then, repeat the correct answer after the speaker. (6 items)

> **Modèle**
> Les vêtements étaient sales.
> Alors, il a fait la lessive.

3 **Décrivez** Julie has invited a few friends over. When her friends are gone, she goes in the kitchen. Look at the drawing and write the answer to each question you hear.

1. _____
2. _____
3. _____
4. _____

LES SONS ET LES LETTRES

Semi-vowels

French has three semi-vowels. Semi-vowels are sounds that are produced in much the same way as vowels, but also have many properties in common with consonants. Semi-vowels are also sometimes referred to as *glides* because they glide from or into the vowel they accompany.

Lucien   chien   soif   nuit

The semi-vowel that occurs in the word **bien** is very much like the *y* in the English word *yes*. It is usually spelled with an **i** or a **y** (pronounced *ee*), then glides into the following sound. This semi-vowel sound may also be spelled **ll** after an **i**.

nat**io**n   bala**y**er   **bie**n   bri**ll**ant

The semi-vowel that occurs in the word **soif** is like the *w* in the English word *was*. It usually begins with **o** or **ou**, then glides into the following vowel.

tr**oi**s   fr**oi**d   **oui**   **oui**stiti

The third semi-vowel sound occurs in the word **nuit**. It is spelled with the vowel **u**, as in the French word **tu**, then glides into the following sound.

l**ui**   s**ui**s   cr**ue**l   intellect**ue**l

---

1 **Prononcez** Répétez les mots suivants à voix haute.

1. oui   4. fille   7. minuit   10. juillet
2. taille   5. mois   8. jouer   11. échouer
3. suisse   6. cruel   9. cuisine   12. croissant

---

2 **Articulez** Répétez les phrases suivantes à voix haute.

1. Voici trois poissons noirs.
2. Louis et sa famille sont suisses.
3. Parfois, Grégoire fait de la cuisine chinoise.
4. Aujourd'hui, Matthieu et Damien vont travailler.
5. Françoise a besoin de faire ses devoirs d'histoire.
6. La fille de Monsieur Poirot va conduire pour la première fois.

---

3 **Dictons** Répétez les dictons à voix haute.

1. La nuit, tous les chats sont gris.
2. Vouloir, c'est pouvoir.

---

4 **Dictée** You will hear six sentences. Each will be said twice. Listen carefully and write what you hear.

1. _____
2. _____
3. _____
4. _____
5. _____
6. _____

Roman-photo

LA VIE SANS PASCAL

Avant de regarder

1   **Chez moi**   In this video episode, you will hear people talking about chores. In preparation, make a list of household chores in French.

_____

_____

_____

_____

_____

En regardant la vidéo

2   **Les tâches ménagères**   Check off the chores mentioned or seen in the video.

❑   1. faire le lit

❑   2. balayer

❑   3. sortir les poubelles

❑   4. repasser le linge

❑   5. ranger la chambre

❑   6. passer l'aspirateur

❑   7. mettre la table

❑   8. faire la vaisselle

❑   9. faire la lessive

❑ 10. débarrasser la table

❑ 11. enlever la poussière

❑ 12. essuyer la table

3   **Sélectionnez**   Watch the scenes in the café, and choose the words that complete each sentence according to what you hear.

1. Je débarrasse _____?

   a. la poubelle   b. la lessive   c. la table

2. Apporte-moi _____, s'il te plaît.

   a. l'addition   b. le thé   c. le balai

3. Tu dois faire _____ avant de sortir.

   a. la lessive   b. la vaisselle   c. les devoirs

4. Il faut sortir _____ ce soir!

   a. le chien   b. le balai   c. les poubelles

5. Il est l'heure de préparer _____.

   a. le dîner   b. les biscuits   c. le petit-déjeuner

6. Est-ce que tu as rangé _____?

   a. le lit   b. la table   c. ta chambre

Unité 8 Roman-photo Activities   **215**

4   **Les réponses** Watch the scene in Sandrine's apartment, and choose the response to each statement or question you hear in the video.

_____ 1. Mmmm. Qu'est-ce qui sent bon?   a. Un peu, oui.

_____ 2. Tu as soif?   b. Toi, tu as de la chance.

_____ 3. Tu vas le rencontrer un de ces jours?   c. Il y a des biscuits au chocolat dans le four.

_____ 4. Ne t'en fais pas, je comprends.   d. Oh… Je ne sais pas si c'est une bonne idée.

_____ 5. Je ne le connais pas vraiment, tu sais. e. Comme d'habitude, tu as raison.

Après la vidéo

5   **Qui?** Who did these chores? Write **M** for Michèle, **St** for Stéphane, **V** for Valérie, or **X** if no one did it.

_____ 1. faire le lit   _____ 5. passer l'aspirateur

_____ 2. ranger sa chambre   _____ 6. repasser le linge

_____ 3. faire la lessive   _____ 7. sortir les poubelles

_____ 4. débarrasser la table   _____ 8. essuyer la table

6   **Expliquez** Answer these questions in French. Write complete sentences.

1. Pourquoi est-ce que Sandrine est de mauvaise humeur?

_____

_____

2. Pourquoi est-ce que Sandrine pense qu'Amina a de la chance?

_____

_____

3. Quand Sandrine parle d'un petit ami artistique, charmant et beau, à qui pense-t-elle? Comment est-ce que vous le savez?

_____

_____

7   **À vous!** Imagine that you are dividing household chores with your sibling. Write a conversation in which you discuss which chores you will each do. Talk about at least six different things.

_____

_____

_____

_____

_____

_____

_____

STRUCTURES

8B.1 The **passé composé** vs. the **imparfait**: Summary

1 **Comme d'habitude?** Your big sister explains there have been some changes in the organization of the chores in her dorm. Complete each pair of sentences by using the **imparfait** or the **passé composé** of the verb in parentheses.

1. D'habitude, je/j' _____ le couloir.   (balayer)

2. Hier, Serge _____ le couloir avant moi.

3. Je/J' _____ de temps en temps.   (faire le ménage)

4. Mardi, Hassan _____.

5. La nouvelle étudiante _____ deux fois.   (mettre la table)

6. Deux étudiantes _____ tous les jours.

7. Je/J' _____ toujours ma chambre avant de partir.   (ranger)

8. Ce matin, Sylvain _____ la chambre.

9. Ils _____ ce matin, à 6h00.   (sortir la poubelle)

10. Autrefois, mon camarade de chambre _____.

2 **Que faisaient-ils?** Complete these descriptions of what the people in the photos were doing yesterday afternoon and where each activity took place.

1.   2.   3.

4.   5.   6.

1. Hier, avant de venir me voir (*to see*), il _____

_____.

2. Tous les après-midi, il _____

_____.

3. Quand je l'ai appelé, il _____

_____.

4. Elle _____ pour la première fois.

5. Quand je l'ai vu, il _____

_____.

6. Comme elle fêtait l'anniversaire de ses parents, elle _____

_____.

3 **Quoi de neuf?** Complete Marc's letter to his parents by selecting the appropriate form of each verb in parentheses.

La semaine dernière, quand je (1) _____ (rentrais / suis rentré) à la résidence universitaire, il (2) _____ (faisait / a fait) très froid. Il (3) _____ (neigeait / a neigé). Ma chambre (4) _____ (était / a été) sale et en désordre, et mon camarade de chambre (5) _____ (passait / a passé) l'aspirateur. Je lui (6) _____ (demandais / ai demandé) ce qui s'était passé (_had happened_). Il me/m' (7) _____ (disait / a dit) que nos voisins avaient fait la fête dans notre chambre. J' (8) _____ (étais / ai été) très inquiet car (_because_) il (9) _____ (fallait / a fallu) tout ranger rapidement avant la nuit. Les voisins nous (10) _____ (aidaient / ont aidés) quand même un peu. Quelle histoire!

4 **Racontez** There was a burglary in your building and the police is asking people what they were doing when it happened. Write questions and answers based on the cues provided. Ask where these people were or what they were doing that night.

Modèle

Mlle Hu   M. Jouan / téléphoner // dans sa chambre / faire le ménage
Que faisait Mlle Hu quand M. Jouan (lui) a téléphoné?
Elle était dans sa chambre. Elle faisait le ménage.

1. M. Ibrahim   M. Dupont / sortir la poubelle à 9h00 // dans la cuisine / nettoyer l'évier
_____

2. vous   votre sœur / sortir avec ses amis // dans le salon / repasser le linge
_____

3. M. Dubois   M. Traoré / aller au cinéma // dans la bibliothèque / lire
_____

4. Mlle Christophe   Mlle Mojon / partir pour le gymnase // dans sa chambre / faire la poussière
_____

5. Mme Rodier   M. Rodier / balayer le garage pour la première fois // dans le salon / ranger les magazines
_____

6. Mme Fossier   sa fille / essuyer rapidement la table // dans le garage / faire la lessive
_____

7. M. Ardan   son fils / rentrer // dans la cuisine / balayer
_____

8. M. Hassan   sa femme / quitter la résidence // dans la salle de bains / laver la baignoire
_____

5 **Une aventure** Here is the account of what happened to Cédric during his stay in Yamoussoukro in **Côte d'Ivoire**. Complete his story by conjugating the verbs in parentheses in the **imparfait** or the **passé composé**.

L'été dernier, je/j' (1) _____ (être) en Côte d'Ivoire. Je/J' (2) _____ (rendre) visite à mon ami Amadou. Le jour de mon arrivée, je/j' (3) _____ (passer) sept heures dans l'avion. Comme il (4) _____ (faire) très chaud à Yamoussoukro, nous (5) _____ (décider) de visiter la basilique. C'est la plus grande du monde! Ça/C'(6) _____ (être) formidable. Malheureusement, nous (7) _____ (ne pas tout visiter) parce que nous (8) _____ (ne pas avoir) assez de temps. Ensuite, nous (9) _____ (aller) au café, et puis nous (10) _____ (rentrer) à la maison.

8B.1 The **passé composé** vs. the **imparfait**: Summary (audio activities)

1 **Identifiez** Listen to each statement and identify the verbs in the **imparfait** and the **passé composé**. Write them in the appropriate column.

> **Modèle**
>
> *You hear:* Quand je suis entrée dans la cuisine, maman faisait la vaisselle.
> *You write:* suis *entrée* under **passé composé** and *faisait* under **imparfait**

	Imparfait	**Passé composé**
Modèle	faisait	suis entrée
1.	_____	_____
2.	_____	_____
3.	_____	_____
4.	_____	_____
5.	_____	_____
6.	_____	_____
7.	_____	_____
8.	_____	_____

2 **Répondez** Answer the questions using cues. Substitute direct object pronouns for the direct object nouns when appropriate. Repeat the correct response after the speaker.

> **Modèle**
>
> *You hear:* Pourquoi as-tu passé l'aspirateur?
> *You see:* la cuisine / être sale
> *You say:* Je l'ai passé parce que la cuisine était sale.

1. avoir des invités
2. pleuvoir
3. être fatigué
4. avoir soif
5. ranger l'appartement
6. faire beau
7. pendant que Myriam / préparer le repas
8. être malade

3 **Vrai ou faux?** Listen as Coralie tells you about her childhood. Then read the statements and decide whether they are **vrai** or **faux**.

	Vrai	Faux
1. Quand elle était petite, Coralie habitait à Paris avec sa famille.	○	○
2. Son père était architecte.	○	○
3. Coralie a des frères et une sœur.	○	○
4. Tous les soirs, Coralie mettait la table.	○	○
5. Sa mère sortait le chien après dîner.	○	○
6. Un jour, ses parents ont tout vendu.	○	○
7. Coralie aime beaucoup habiter près de la mer.	○	○

8B.2 The verbs **savoir** and **connaître**

1 **Savoir ou connaître?** Describe what these people know using the verbs **savoir** and **connaître**.

1. Il _____.

2. Il _____.

3. Il _____.

4. Rachid _____.

5. Elle _____.

6. Ils _____.

2 **Choisissez** Complete these sentences using the present tense of **savoir** or **connaître**.

1. Ma mère _____ où sont les draps.

2. Hassan _____ quand il faut sortir la poubelle.

3. Je _____ comment fonctionne le congélateur.

4. Vous _____ les élèves des autres classes.

5. Ils _____ comment repasser le linge.

6. Elle _____ conduire.

7. Tu _____ le propriétaire de la maison.

8. Nous _____ bien le quartier et le supermarché.

3 **Écrivez** Write sentences with **savoir** or **connaître** based on the cues provided.

1. Chuyên / mon copain, Marc

_____

2. mon frère / conduire

_____

3. je / le garage où il gare (*parks*) sa voiture

_____

4. Marc / le propriétaire du garage

_____

5. le propriétaire du garage / parler français et vietnamien

_____

6. Chuyên / le centre franco-vietnamien

_____

7. je / nager

_____

8. nous / Tûan

_____

4 **Mon correspondant** Complete this paragraph by selecting the appropriate verbs in parentheses.

Quand je suis arrivé(e) en France, je (1) _____ (savais, connaissais) un peu Paris,

mais je ne (2) _____ (savais, connaissais) pas bien parler français et je ne

(3) _____ (savais, connaissais) pas non plus mon correspondant. Je

(4) _____ (savais, connaissais) seulement qu'il était grand et brun et que nous

avions le même âge. Les premiers jours, j'ai visité les grands monuments. Mon correspondant

(5) _____ (savait, connaissait) où aller. Je (6) _____ (savais,

connaissais) déjà les monuments, mais je ne (7) _____ (savais, connaissais) pas

qu'il y aurait (_would be_) des centaines de touristes là-bas. Heureusement que mon correspondant était

avec moi parce que je ne (8) _____ (savais, connaissais) pas le quartier et je ne

(9) _____ (savais, connaissais) pas qu'il était difficile de trouver certains endroits.

Maintenant, je (10) _____ (sais, connais) bien Paris et mon correspondant.

5 **Un accident** Séverine and Malika run into their friend, Bénédicte. Complete their conversation with the correct form of the verb **savoir**, **connaître**, or **reconnaître** in the present, the **imparfait**, or the **passé composé**.

BÉNÉDICTE Est-ce que vous (1) _____ ce qui s'est passé?

SÉVERINE Non, raconte.

BÉNÉDICTE Eh bien, vous (2) _____ Yannick, n'est-ce pas?

SÉVERINE Oui, je le/l' (3) _____ en cours de français l'année dernière. Et toi,

 Malika, tu le/l' (4) _____?

MALIKA Non, je ne pense pas.

BÉNÉDICTE Il a eu un accident et il ne (5) _____ plus personne. Il a perdu

 la mémoire!

MALIKA Je ne/n' (6) _____ pas que ça arrivait comme ça.

SÉVERINE Tu (7) _____ dans quel hôpital il est?

BÉNÉDICTE Oui, mais je ne/n' (8) _____ pas les heures de visite.

SÉVERINE et MALIKA Appelons l'hôpital.

8B.2 The verbs **savoir** and **connaître** (audio activities)

1 **Connaître ou savoir** You will hear some sentences with a beep in place of the verb. Decide which form of **connaître** or **savoir** should complete each sentence and circle it.

1. a. sais   b. connais
2. a. sait   b. connaît
3. a. savons   b. connaissons
4. a. connaissent b. savent
5. a. connaissez   b. savez
6. a. connaissons b. savons

2 **Changez** Listen to the following statements and say that you do the same activities. Repeat the correct answer after the speaker. (6 *items*)

> **Modèle**
> Alexandre sait parler chinois.
> *Moi aussi, je sais parler chinois.*

3 **Répondez** Answer each question using the cue that you hear. Repeat the correct response after the speaker. (6 *items*)

> **Modèle**
> Est-ce que tes parents connaissent tes amis? (oui)
> *Oui, mes parents connaissent mes amis.*

4 **Mon amie** Listen as Salomé describes her roommate Then read the statements and decide whether they are **vrai** or **faux**.

	Vrai	Faux
1. Salomé a connu Christine au bureau.	O	O
2. Christine sait parler russe.	O	O
3. Christine sait danser.	O	O
4. Salomé connaît maintenant des recettes.	O	O
5. Christine sait passer l'aspirateur.	O	O
6. Christine ne sait pas repasser.	O	O

Unité 8

PANORAMA

Savoir-faire

---

1 **Photos d'Alsace-Lorraine** Label each photo.

1. _____
   _____

3. _____
   _____

2. _____
   _____

4. _____
   _____

---

2 **Dates importantes** Complete these sentences with dates based on **Panorama**.

1. Jeanne d'Arc est née en _____ et a été exécutée en _____.

2. L'Église catholique a canonisé Jeanne d'Arc en _____.

3. Jeanne d'Arc est partie au combat pour libérer la France en _____.

4. Strasbourg est le siège du Conseil de l'Europe depuis _____.

5. Strasbourg est le siège du Parlement européen depuis _____.

6. L'Alsace et le département de la Moselle ont été français pour la première fois
   en _____.

7. Albert Schweitzer a reçu le prix Nobel de la paix en _____.

8. Les Alsaciens bénéficient des lois sociales allemandes depuis _____.

---

3 **Un peu d'histoire** Complete these sentences by conjugating the verbs in parentheses in the **imparfait** or the **passé composé**.

En 1429, alors qu'elle (1) _____ (avoir) 17 ans, Jeanne d'Arc

(2) _____ (décider) de libérer son pays. Elle (3) _____

(prendre) la tête d'une armée et elle (4) _____ (libérer) Orléans des Anglais.

Plus tard, ses ennemis (5) _____ (vendre) Jeanne d'Arc aux Anglais. Quand

elle (6) _____ (être) leur prisonnière, ils la/l' (7) _____

(condamner) à mort pour hérésie.

L'Alsace et la Lorraine (8) _____ (être) françaises depuis 1678. Elles

sont devenues (*became*) allemandes en 1871. Le traité de Versailles (9) _____

(rendre) les deux régions à la France.

---

4 Répondez Answer these questions in complete sentences.

1. Quelle(s) boisson(s) l'Alsace produit-elle?

_____

2. Quel est le nom du sculpteur de la statue de la Liberté? De quelle région est-il originaire?

_____

3. Quel est le nom de la grande place pittoresque de Nancy?

_____

4. Quelle est la particularité de l'Alsace et du département de la Moselle?

_____

5. Quel est le nom d'un plat typiquement alsacien? De quel mot vient-il?

_____

6. Pourquoi ce plat typiquement alsacien se conserve-t-il longtemps?

_____

7. D'où vient la langue alsacienne?

_____

8. À quoi contribue le Parlement européen?

_____

5 Vrai ou faux? Indicate whether these statements are **vrai** or **faux**. Correct the false statements.

1. L'Alsace et la Lorraine sont situées dans le nord-est de la France.

_____

2. Georges de La Tour est un dessinateur du dix-huitième siècle.

_____

3. Patricia Kaas est une chanteuse originaire d'Alsace.

_____

4. L'Alsace et la Lorraine ont été influencées par la culture allemande.

_____

5. La choucroute est cuite avec du gros sel et des baies de genièvre.

_____

6. On mange la choucroute avec de la charcuterie et des pommes de terre.

_____

7. Les membres du Parlement européen sont élus dans chaque pays de l'Union européenne.

_____

8. La langue alsacienne n'est plus parlée aujourd'hui.

_____